Bernard Shaw
für Boshafte

Ausgewählt von Thomas Kluge
Insel Verlag

AF130015

Umschlagabbildung: F. W. Bernstein

4. Auflage 2023
Insel Verlag Berlin

Erste Auflage 2006
insel taschenbuch 3205
Originalausgabe
© Insel Verlag Frankfurt am Main und Leipzig 2006
Alle Rechte vorbehalten, insbesondere das der Übersetzung,
des öffentlichen Vortrags sowie der Übertragung
durch Rundfunk und Fernsehen, auch einzelner Teile.
Kein Teil des Werkes darf in irgendeiner Form
(durch Fotografie, Mikrofilm oder andere Verfahren)
ohne schriftliche Genehmigung des Verlages reproduziert
oder unter Verwendung elektronischer Systeme
verarbeitet, vervielfältigt oder verbreitet werden.
Vertrieb durch den Suhrkamp Taschenbuch Verlag
Umschlag nach Entwürfen von Willy Fleckhaus
Satz: Satz-Offizin Hümmer GmbH, Waldbüttelbrunn
Druck: CPI books GmbH, Leck
Printed in Germany
ISBN 978-3-458-34905-1

www.insel-verlag.de

Inhalt

Shaw für Boshafte

Dies und das

Wir brauchen jetzt ein paar Verrückte. Du siehst, wohin uns die Normalen gebracht haben. [XII, 93]

Sagen Sie, in welchem Alter hört der Mensch eigentlich auf, ein Narr zu sein? [VII, 81]

Selbstverständlich ist der Durchschnittsdeutsche verbesserungsfähig. [XIV, 30]

Meine liebe Barbara, Alkohol ist ein sehr notwendiger Artikel. Er heilt die Kranken. [VI, 127]

Ihr früherer Dialekt ist nun eine gekonnte Mischung aus den fremdländischen Akzenten aller Kellner, die sie je kennengelernt hat. [XV, 79]

Ein vulgäres Wort, finden Sie nicht auch? Aber so einfach und direkt. Mir gefällt es. (...) Natürlich ist es nicht wirklich vulgär, aber ein bißchen untere Mittelklasse, wenn Sie wissen, was ich meine. [XV, 81]

Man wird in England vielen reichen Familien begegnen, die nicht viel mehr Kultur besitzen als ihre Pferde und Hunde (...). [IX, 110]

Für die Amerikaner ist eine der großen Attraktionen von Paris der Ausflug ins alte England. [XIII, 119]

Wenn Sie einen Landedelmann treffen, der die alten englischen Weihnachtssitten und ähnliches weiterpflegt, wer ist das? Ein Amerikaner, der den Landsitz gekauft hat.

[XIII, 120]

England wäre verloren, wenn es keine Schotten hätte, die für euch denken. [XIII, 124]

Der erwachsene Engländer bleibt bis zum Ende seiner Tage ein schlecht erzogenes Kind, unglaublich streitsüchtig, launenhaft, egoistisch, zerstörungswütig und feige. Er ist in der steten Angst befangen, daß die Deutschen kommen und ihn versklaven werden (...) [IX, 70]

Ich hab's mit Kreuzworträtseln versucht, um mein Hirn zu beschäftigen und nicht immer ans Klauen zu denken. Aber gibt es ein Kreuzworträtsel, das nur halb soviel Spaß und Aufregung bringt, wie ein Taschendiebstahl? Ganz abgesehen davon, daß man nicht davon leben kann.

[XV, 95]

Die Schönheiten der Natur können einen halbwegs aktiven Menschen keine Woche lang beschäftigen, es sei denn, er hat beruflich damit zu tun (...). [XV, 97]

Ich weiß wirklich nicht, was auf dem Land schlimmer ist, das Spazierengehen oder das Zuhausesitzen und nicht wissen, was tun. [I, 173]

Ist es nicht ein bedenkliches Anzeichen von Senilität, über sich selbst zu reden? [XV, 153]

Ineffiziente Stoffwechselbeschleuniger (...) Wir machen nichts, als gutes Essen in schlechten Dünger zu verwandeln. [XV, 98]

Ich stehe zwischen Jugend und Alter wie jemand, der den Anschluß verpaßt hat: Es ist zu spät für den vorangegangenen Zug und zu früh für den nächsten. [XV, 146]

Wenn ich mit Männern und Frauen zu tun habe, fühle ich mich geisteskrank. Die Menschheit enttäuscht mich immer: die Natur nie. [XV, 107]

Die Wahrheit steckt uns in der Kehle samt all den Saucen, mit denen sie kredenzt wird: Wir werden sie nie hinunterkriegen, solange wir sie nicht ohne jede Sauce schlucken. [VXII, 67]

Gefahr ist überall, außer im Himmel. [XII, 112]

Aber wenn Sie mir schon prophezeien, daß ich gehenkt werde, dann will ich von nun an keiner Versuchung mehr widerstehen. Ich werde mir immer sagen: besser ein gehenkter Sünder als ein gehenktes Tugendschaf.

[XII, 113]

Wir sind hier kein Amtsgericht. Vergeuden wir unsere Zeit nicht mit derlei Unsinn. [XII, 167]

Es ist ein Irrtum anzunehmen, daß der Unterschied zwischen Klugheit und Albernheit in irgendeiner Beziehung steht zum Unterschied zwischen Alter und Jugend im physischen Sinne. Es gibt Frauen, die mit siebzig jünger sind als die meisten mit siebzehn. [IV, 171]

Woran soll man sehen, daß du einflußreiche Verwandte hast, wenn nicht an deiner Kleidung? [I, 52]

Ich wasche mich ganz gern einmal die Woche, das erfordert ja auch meine Stellung. Aber jeden Tag, das führt denn doch zu weit. [II, 38]

Ich schätze den Mann, der sich selbst treu ist, sogar in seiner Bosheit. [II, 125]

Wie konventionell ihr Unkonventionellen doch seid! [II, 163]

Was ist das Leben anders als eine Kette schöpferischer Dummheiten? [X, 27]

Die Neuheiten der einen Generation sind nur die aufgefrischten Moden der vorletzten. [III, 110]

Einen wirklich leeren Kopf gibt es nicht, wenngleich manche Köpfe neuen Ideen derart undurchlässig gegenüberstehen können, daß sie alles Geistige blockieren, Köpfe solid wie Billardbälle. [XVII, 15]

Die Welt besteht nun einmal aus durchschnittlichen Menschen. [XVII, 54]

Die Anzahl der Menschen, die etwas tun können, wenn man es ihnen erklärt, ist immer weitaus größer als die Anzahl derer, die anderen erklären können, was sie tun sollen. [XVII, 278]

Unsere geistige Trägheit ist die Garantie für unsere Fügsamkeit. [XVII, 20]

Die Vernunft findet nur den kürzesten Weg: das Ziel entdeckt sie nicht. [XVII, 305]

Es ist leichter, den Leuten Fesseln anzulegen, vorausgesetzt, daß sie respektabel aussehen, als sie ihnen abzunehmen. [XVII, 353]

Früher habe ich mich für viele Dinge interessiert. Früher besaß ich auch zwei oder drei anständige Anzüge.
[VII, 96]

Die Welt läßt sich nicht vereinfachen, lieber Freund, nur weil Ihnen das lieber wäre. Sie müssen sie nehmen, wie sie ist. [VII, 127]

Sie werden herausbekommen, daß die Mehrzahl der Menschen (...) besser tot wäre. [VII, 148]

Kein Mittel übertrifft eine charmante Frau, keine Medizin ist besser als Frohsinn und keine Zuflucht so gut wie die Wissenschaft. [VII, 154]

Die Seele ist ein Organ, dem ich bei meinen anatomischen Studien nicht begegnet bin. [VII, 180]

Ich habe Adam immer verachtet, weil er erst eines Weibes bedurfte, so wie sie der Schlange, um dazu gebracht zu werden, den Apfel vom Baum der Erkenntnis zu pflücken. Ich würde in dem Augenblick, da der Besitzer den Rücken gekehrt hätte, den ganzen Baum geplündert haben.

[VII, 39]

Moden sind eigentlich nur eingeführte Epidemien.

[VII, 63]

Die allgemeine Prüderie ist nur eine Folge der allgemeinen Verwahrlosung: die Gegenstände, die man unter Tabu stellt, bleiben trotz allem die interessantesten und ernstesten Gegenstände. [XIX, 283]

Menschliche Wesen nützen sich offensichtlich ab. Sie halten sich nicht länger als ihre Freunde, die Hunde.

[IX, 11]

Welcher Mensch wäre übrigens, trotz wahnwitzigen Dünkels, fähig zu glauben, er könne eine Ewigkeit seines Ichs ertragen? [IX, 1]

Ein immerwährender Feiertag ist eine gute, allgemeinverständliche Definition der Hölle. [IX, 48]

Für einen vitalen Mann gibt es kein Verbrechen.

[IX, 151]

Der ängstlichste Mensch in einem Gefängnis ist der Direktor. [V, 314]

Ich verbringe mein Leben damit, über den Ozean meiner Unwissenheit nachzudenken. [XIV, 157]

Mit dreißig war ich eine Närrin. aber was nutzt es, sich jünger zu fühlen, wenn man älter aussieht? [V, 160]

Wir kennen einander so gut, daß wir uns besser aus dem Wege gehn. [XIV, 217]

Was könnte man mehr verlangen als ein hübsches Hotel? Alle Hausarbeit wird einem abgenommen, kein Ärger mit den Dienstboten, weder Grundsteuer noch andere Steuern. Ich habe nirgends Ruhe gefunden, außer in Hotels. [XIV, 106]

In den Künsten des Friedens ist der Mensch ein Stümper. [V, 177]

Ja, sie werden nie um eine Ausrede, einander zu töten, verlegen sein. [V, 182]

Ein strahlender Körper ist soviel wert wie die Gehirne von hundert Philosophen mit schlechter Verdauung und Blähungen. [V, 176]

Sechsundfünfzig. Und an Weisheit noch immer ein Kind. [XIV, 166]

Der Sport ist, was er immer war, eine mörderische Aufregung. [XIX, 296]

Es gibt zwei Tragödien im Leben: Die eine ist, seinen Her-
zenswunsch unerfüllt zu sehen. Die andere ist, ihn erfüllt
zu sehen. [V, 258]

Ja, das Leben ist komplizierter, als wir einmal dachten.
[V, 246]

Liebste, wein nicht. Das macht dich häßlich. [VII, 166]

Wenn ich Ihren Intellekt überlaste, können Sie uns ja verlassen und sich in die Gesellschaft von Liebe, Schönheit
und dem Rest ihrer geliebten Fadheiten begeben.
[V, 185]

Die goldene Regel heißt: Es gibt keine goldenen Regeln.
[V, 309]

Mann und Frau

Ich glaube nicht, daß es einen Mann in England gibt, der seine Frau so wirklich und wahrhaftig liebt wie seine Pfeife. [VIII, 223]

Eine Frau ist für einen Mann soviel wie alle Frauen: Sie ist alles, was teuflisch ist, der Stachel in seinem Fleisch, der eifersüchtige Hausdrache, der Detektiv, der allen seinen Bewegungen nachspürt, der Quälgeist, der Zankapfel, der Unruhestifter. [XIV, 130]

Der stärkste Mann kann nicht entfliehen, wenn sie [die Frauen] erst einmal Besitz von ihm ergriffen haben.
[V, 78]

Das ist das Teuflische am Zauber einer Frau: sie bringt dich dazu, deinen eigenen Untergang zu wollen. [V, 77]

Wie kann ein Mann würdevoll auftreten, wenn er verliebt ist? [III, 214]

Ich glaube nicht, daß eine junge, unverheiratete Frau gänzlich ihrer eigenen Einsicht überlassen werden sollte.
[V, 72]

Kurz, der Kapitalismus wirkt auf Frauen als eine ständige Bestechung. Für Geld gehen sie sexuelle Beziehungen ein, sei es nun innerhalb oder außerhalb der Ehe. [XVII, 171]

Auch Frauen werden besser durch die Flucht aus dem Heim, die durch die Frauen-Colleges ermöglicht wird; aber da sehr wenige Frauen das Glück haben, diesen Vorteil zu genießen, sind die meisten so gründlich hausbacken, daß sie für die menschliche Gesellschaft untauglich sind.

[VIII, 25]

Gibt es eine erbärmlichere Sklaverei auf der Welt als die Versklavung der Männer durch die Frauen? [XI, 158]

Eine Frau, die einem Manne die Pantoffeln holt, ist ein widerlicher Anblick. [X, 94]

Ihr lebhaftes Temperament machte sie unzuverlässig, unberechenbar, wechselhaft, kapriziös, grausam, in einem Wort: bezaubernd. [V, 148]

Kannst du das glauben, (...) daß ich in diese Frau verliebt war? Geistig war sie mir ja nicht gewachsen, und Tischmanieren hab ich ihr erst beibringen müssen, aber zwischen unseren niederen Zentren war eine außergewöhnliche Sympathie. [XV, 89]

Der Mann, der sich auf die Autorität des Vaters beruft, ist kein Mann, die Frau, die sich auf die Autorität ihrer Mutter beruft, ist unfähig, einem freien Volk freie Bürger zu gebären. [V, 121]

Die Zukunft einer Frau liegt nicht bei ihrer Mutter.

[XV, 69]

Das eigentlich Geheimnis: daß die Männer die ersten paar Tage zwar schrecklich nett sind, dann aber nachlassen. Man kann das Beste aus ihnen herausholen, wenn man dauernd neue hat. [XV, 88]

Bei all meinen Fehlern brauch ich nicht mehr als einen Mann auf einmal. [XV, 91]

Wer sind denn die braven Frauen? Die, denen es Spaß macht, abzustumpfen, und die gerne eins draufkriegen.

[XV, 94]

Die Geheimnisse der Jungen sind genau wie die Geheimnisse der Männer. [V, 89]

Männer sind nicht echt: sie reden, reden, reden.

[XV, 98]

Ich höre gern die Ansichten und Meinungen einer Frau. Ich möchte ihren Geist genauso kennenlernen wie ihren Körper. [XV, 111]

Was ist eine Frau ohne aktiven Geist denn anderes als reine Bequemlichkeit für den Mann? [XV, 111]

ANN: Du scheinst alles zu verstehen, was ich nicht verstehe, aber in den Dingen, die ich verstehe, bist du der reinste Säugling. [V, 99]

Frauen sind nicht, wie sie meinen, interessanter als das Universum. Wenn die Welt zusammenbricht, sollen die

Frauen schweigen und die Männer sich zu etwas Edlerem erheben als zum Küssen. [XV, 116]

Ich frage die Männer immer, wie ihre Mutter sie genannt hat, und nenne sie dann auch so. Sie werden dadurch irgendwie anschmiegsamer. [XV, 120]

Der krude Realismus, mit dem die Frauen physische Dinge betrachten, schockiert die Feinfühligkeit der Männer doch immer wieder. [XV, 179]

Männer sind Träumer und Drohnen. [XV, 179]

In Zukunft überlege ich es mir zweimal, ehe ich die Partei einer Frau ergreife. [V, 104]

Feiglinge sind unbrauchbar für Frauen, sie brauchen Draufgänger, die töten. [XV, 179]

Trotz der täglichen Flucht in die City ist der Zustand der Männer schlimm genug, weil sie die exklusiven und unsozialen Gewohnheiten des Heims mit sich in die weitere Welt ihres Geschäftes tragen. [I, 25]

Die Frauen, die nicht einmal die City als Erzieherin haben, sind noch viel schlimmer: sie sind tatsächlich ungeeignet für einen zivilisierten Umgang mit Menschen, reizlos, unwissend und beschränkt in einem alarmierenden Ausmaß. [I, 25]

Das ist typisch Mann: der Versuch, eine Frau ins Unrecht zu setzen. [I, 92]

Eine Frau hat nur eine Möglichkeit, anständig für sich zu sorgen: Sie muß nett sein zu einem Mann, der es sich leisten kann, nett zu ihr zu sein. [I, 194]

Frauen müssen ja oft genug so tun, als fühlten sie etwas, was sie nicht fühlen. [I, 194]

Sind Sie jemals auf den Gedanken gekommen, daß eine Frau, deren Leben zerstört ist, ein wenig Mitgefühl braucht und nicht eine Flasche Gift? [XIV, 48]

Sie nennen den Aufschrei eines gepeinigten Herzens »Dampf ablassen«, wie? [XIV, 48]

Sie wäre das Musterexemplar einer prachtvollen Bergbauersfrau, aber ihr Ehrgeiz geht auf Wiener Dame.
[II, 12]

Ach, Miss Prossy, wenn ihr Frauen doch nur die Kraft des Mannes so gut verstehen könntet, wie ihr seine Schwächen versteht, dann gäbe es keine Frauenfrage. [II, 118]

Frauen bringen alles durcheinander. Wenn man sie in sein Leben läßt, merkt man schnell, daß eine Frau *eine* Sache betreibt und man selbst eine andere. [X, 34]

Bedenken Sie, daß die Fähigkeit eines Mannes, zu lieben und zu bewundern, genauso wie jede andere seiner

Fähigkeiten ist. Er muß sie oft verschwenden, bevor er ihren Wert schätzen lernt. [III, 204]

Ihr alle wollt liebliche Inkarnationen von Musik und Malerei und Dichtung heiraten. Nun, ihr könnt sie nicht haben, weil sie nicht existieren. Wenn Fleisch und Blut euch nicht gut genug sind, so müßt ihr eben ganz ohne Frauen bleiben. Die Frauen müssen sich auch mit Männern aus Fleisch und Blut zufriedengeben. [V, 191]

Und doch fühlte ich mich manchmal unwiderstehlich angezogen, rein biologisch, von Frauen, mit denen ich keine fünf Minuten hätte ernsthaft reden können. [XV, 198]

Aber der biologische Geschmack ist kein niedriger Geschmack. [XV, 199]

Für die Männer ist Volkswirtschaft eine trockene und knifflige Angelegenheit: sie drücken sich davor wie vor dem Haushalt. [XVII, 38]

Es gibt zwei Dinge, die bei jedem Mann stimmen müssen. Das eine ist sein Umgang mit Geld. Das andere ist seine Frau. [VII, 118]

Er ist vielleicht manchmal schwach Frauen gegenüber, weil sie ihn anbeten und sich ihm an den Hals werfen.
[VII, 156]

JENNIFER: Ich wollte Sie nicht beleidigen – aber Sie sind doch bestimmt zwanzig Jahre älter als ich.

24

RIDGEON: Kann sein. Vielleicht auch mehr. In zwanzig Jahren wissen Sie, wie wenig das ausmacht. [VII, 183]

Falten sind ein Mittel, um junge Männer abzustoßen.
[IX, 15]

Das Haus ist das Gefängnis des Mädchens und das Zuchthaus der Frau. [V, 322]

Sie verstehen die Männer nicht. Sie sind an anderen Dingen interessiert und vernachlässigen sich selbst, wenn sie keine Frau haben, die sich um sie kümmert. [XIV, 60]

DER ARZT: Frauen sind für mich weder interessant noch attraktiv, außer, wenn sie krank sind. Ich kenne sie zu gut, von innen und von außen. [XIV, 88]

Meiner Spezies, was denken Sie! Männer sind eine andere und viel niedrigere Spezies. Fünf Minuten Unterhaltung mit meinem Mann werden Sie überzeugen, daß er und ich nicht derselben Spezies angehören. [XIV, 89]

Dann ist er ein noch kälterer Fisch, als ich dachte, völlig geschlechtslos. Aber ein Mann, der imstande ist, gerade in dem Augenblick aus dem Haus zu stürmen, wo ich an dem Punkt angelangt war, ihm zu verzeihen und ihm eine Nacht legitimer Seligkeit zu schenken – der ist eben zu jeder Dummheit fähig. [XIV, 59]

Es gibt Leute, die glauben, Seelenstärke sei ein männliches Organ und bei Frauen nicht vorhanden. [XIV, 141]

Das einzig Entschuldbare an deinem Charakter, Jakob, ist, daß du, was Frauen angeht, keine Grundsätze hast.

[XIV, 193]

Die Frauen sind schlimmere Bußen, als je ein Priester einem auferlegen könnte. [XIV, 193]

Versuch es mal mit Barbara. Eine Woche mit ihr ist schlimmer als einen Monat in der Hölle. [XIV, 193]

Das Gesicht einer Frau fängt erst an interessant zu werden, wenn sie in unsere Jahre kommt. [XIV, 205]

Die Schönheit Ihrer Durchlaucht ist noch immer so berühmt, daß wir sie alle satt haben. Sie ist die schönste Frau Englands und außerdem die dümmste. [XIV, 214]

Ich werde die Dinge nie begreifen, derentwegen die Engländerinnen so prüde sind. Und dabei sind sie in anderen Dingen so ungemein derb. [XIV, 175]

Als ich jung war, dachte ich, es gebe nur eine unerträgliche Art von Frauen: diejenige, die an nichts als an ihre Seele und ihr Seelenheil denken kann. [XIV, 225]

Englische Vögel und englische Bäume, englische Hunde und irische Pferde, englische Flüsse und englische Schiffe, das laß ich mir gefallen, aber englische Männer – nein, nein, nein. [XIV, 235]

Sie weiß Dinge, die eine Frau gar nicht wissen sollte.

[XV, 194]

Gibt es denn keine Gerechtigkeit für einen Mann gegen eine Frau? Glauben Sie mir: Nein. Nicht gegen eine.

[XIV, 121]

Sie sieht interessiert und glücklich aus. Er ist in übelster Laune. [XIV, 79]

Nun, er ist ein Gentleman, mit dem ich über Themen diskutiere, die über dem geistigen Fassungsvermögen meines Mannes liegen, das äußerst beschränkt ist. [XIV, 59]

Je mehr Dinge es gibt, deren ein Mann sich schämt, desto ehrenwerter ist er. [V, 67]

Kurz und gut, sie ist, was die schwächeren ihrer Geschlechtsgenossinnen manchmal eine Katze nennen.

[V, 70]

Sie [die Frauen] werfen uns vor, wir betrachten sie als bloßes Mittel zu unserem Vergnügen; aber wie kann eine so schwache und vorübergehende Torheit wie das selbstsüchtige Vergnügen eines Mannes eine Frau so versklaven wie das Naturgesetz, das in der Frau verkörpert ist, einen Mann versklaven kann? [V, 78]

Er sah auch ausgezogen gut aus im Unterschied zu vielen anderen schönen Männern. [XIV, 53]

Wenn die Frauen ohne unsere Arbeit auskämen, wenn wir das Brot ihrer Kinder äßen, statt es zu beschaffen, dann würden sie uns töten, wie die Spinne ihren Gefährten tötet.

[V, 115]

Schönheit ist auf den ersten Blick gut und schön, aber wer sieht sie noch, nachdem sie drei Tage im Haus gewesen ist?

[V, 252]

Es ist ja eines der unergründlichen Geheimnisse Allahs, daß er Frauen lästig macht, wenn er sie schön macht. Je mehr Anlaß er ihnen gibt, zufrieden zu sein, desto unzufriedener sind sie.

[XVI, 75]

Für eine Frau beginnen und enden die Pflichten und Verantwortung eines Mannes mit der Aufgabe, Brot für ihre Kinder zu schaffen. Für sie ist der Mann nur ein Mittel, Kinder zu bekommen und sie aufzuziehen.

[V, 183]

Zu [den] Ungerechtigkeiten Allahs kommt auch noch die, daß er es so eingerichtet hat, daß eine Frau immer das letzte Wort haben muß.

[XVI, 81]

Die Vitalität einer Frau ist ein blindes Wüten der Schöpfung.

[V, 77]

Liebe und Ehe

Liebe ist etwas Gieriges.   [XVI, 44]

Heutzutage wird jede Art von Gefühl für eine Frau als Liebe bezeichnet.   [VIII, 199]

Es gibt keine redlichere Liebe als die Liebe zur Nahrung.
[V, 80]

Es ist die Aufgabe einer Frau, sobald wie möglich zu heiraten, und die Aufgabe eines Mannes, solange wie möglich unverheiratet zu bleiben.   [V, 114]

Die Ehe ist darum beliebt, weil sie ein Maximum an Versuchung mit einem Maximum an Gelegenheit vereinigt.
[V, 312]

Die Ehe ist eine Falle.   [VIII, 207]

Eine Liebesgeschichte sollte immer wie Flitterwochen sein. Und die einzige Möglichkeit, da sicherzugehen, ist, die Männer pausenlos zu wechseln. Denn ein Mann allein kann das nicht hinkriegen.   [XV, 88]

Sie sind unter zwanzig. Sie ist über dreißig. Sieht das nicht etwas nach Kälberliebe aus?   [II, 136]

Wenn alle Eheleute wirklich zusammenlebten, würde unzweifelhaft die bloße Wucht der Tatsache diesem un-

menschlichen Unsinn innerhalb eines Monats, wenn nicht
eher, ein Ende bereiten. [VIII, 33]

Wir können annehmen, daß der ideale Gatte und die
ideale Gattin keine wirklichere Wesen sind als der Che-
rubim. [VIII, 54]

Die wesentliche Funktion der Ehe ist das Fortleben der
Menschheit, wie es im *Book of Common Prayer* steht.
    Die zusätzliche Funktion der Ehe ist die Befriedigung
des Liebesbedürfnisses der Menschheit.
    Die künstliche Unfruchtbarkeit der Ehe macht es mög-
lich, die zusätzliche Funktion zu erfüllen und gleichzeitig
die wesentliche Funktion zu vernachlässigen. [V, 313]

Denk nur, wie viele unserer verheirateten Freunde sich
gegenseitig quälen, wie sie einander belauern und einer
auf den anderen eifersüchtig sind. Sie können es nicht ertragen, sich für einen Tag aus den Augen zu lassen, und
sind eher Gefängniswärter und Sklavenhalter als Liebende.
[III, 40]

Es gibt immer eine Möglichkeit der Auflösung [der Ehe].
Die Bedingungen der Auflösung können sehr verschieden
sein, angefangen mit denen, unter welchen Heinrich VIII.
die Scheidung von Katharina von Aragon erlangte, bis zu
den Vorwänden, deretwegen Amerikanerinnen die Scheidung erhalten (zum Beispiel »seelische Angstzustände«,
dadurch verursacht, daß der Mann unterließ, seine Zehen-
nägel zu schneiden). [VIII, 15]

Es gibt kein Ausweichen: wenn die Ehe nicht dazu gebracht werden kann, etwas Besseres hervorzubringen als
das, was wir sind, wird die Ehe abtreten müssen, sonst
muß die Nation abtreten. [VIII, 24]

Häuslich leben, wie wir es verstehen, ist uns nicht natürlicher als der Käfig dem Kakadu. [VIII, 25]

Andererseits ist auch das häusliche Leben nicht durchaus bekömmlich. Die gute Wirkung, die es haben mag, be-
ruht darauf, dass es von eben der Atmosphäre frei ist, die
es zu schaffen vorgibt. [VIII, 27]

Ein wenig Sentimentalität kann zwar sehr gut sein, aber
chronische Sentimentalität ist ein Greuel, gefährlicher,
weil leichter möglich, als die Erotomanie, die wir alle
verdammen, wenn wir sie nicht gerade gedankenlos als
Idealzustand der Ehe glorifizieren. [VIII, 30]

Sehr wenig Paare können in einer Einzimmermietwoh-
nung leben, ohne einander ziemlich häufig zu schlagen.
[VIII, 34]

Ist es besser, einen zehntklassigen Mann allein oder aber
ein Zehntel eines erstklassigen Mannes zu besitzen? Er-
setzt man das Wort Mann durch das Wort Einkommen,
so hat man die Frage, wie sie sich der abhängigen Frau
in wirtschaftlicher Hinsicht stellt. [VIII, 45]

Auch kann man unmöglich einen Hokuspokus mit Rin-
gen, Schleiern, Gelübden und Segnungen erfinden, der die

Zuneigung eines Mannes oder einer Frau auch nur zwanzig Minuten lang festlegt, geschweige denn für zwanzig Jahre. [VIII, 55]

Es wäre für alle Menschen besser und dazu weitaus ehrlicher, wenn man jungen Leuten beibrächte, daß das, was sie Liebe nennen, ein Appetit ist, der wie alle andern Appetite mit seiner Befriedigung augenblicklich erlischt ... [VIII, 57]

Es gibt nichts, was unseren Sinn für menschliche Würde mehr verletzt als die Jagd nach einem Mann, die in jeder Familie beginnt, wenn die Töchter heiratsfähig werden. [VIII, 59]

Im Augenblick wird das Familienleben niemals anständig, geschweige denn veredelnd sein, bis dieses Erzübel, nämlich die Abhängigkeit der Frauen von den Männern, abgeschafft wird. Im Augenblick reduziert es den Unterschied zwischen Ehe und Prostitution auf den Unterschied zwischen Gewerkschaftspolitik und unorganisierter Gelegenheitsarbeit. [VIII, 60]

Selbst diejenigen, die sagen, es gebe nur einen Mann oder eine Frau für sie auf der Welt, machen die Erfahrung, daß es nicht immer derselbe Mann oder dieselbe Frau ist. [VIII, 63]

Eine Ehe ist in gewisser Weise durchaus erträglich, wenn Sie alles heiter nehmen und nicht zu viel davon erwarten. [VIII, 171]

Sie wissen, daß die Sünden, von denen diese unselige Nation verwüstet und verwirrt wird, allesamt im Ehejoch begangen werden. [VIII, 188]

Ich hab ihn satt, und zwar dermaßen, daß ich manchmal fast das Gefühl hab, ich könnt ihn heiraten. [XV, 87]

Die Liebe bringt einen in Schwierigkeiten – nicht aus ihnen heraus. [XV, 130]

Die Bedingungen einer heutigen Ehe, glaube ich, sind nicht so, daß eine Frau mit Selbstachtung sie annehmen könnte. [III, 184]

Wenn ein Mann eine unpassende Ehe eingeht – wie Sie wissen, hat oft keiner schuld, und es liegt nur an der Unvereinbarkeit der Geschmacksrichtungen –, wenn er durch dieses Unglück der häuslichen Geborgenheit beraubt wird, die meiner Meinung nach der Grund ist, warum ein Mann eine Ehe eingeht, kurz gesagt, seine Frau schlimmer als gar keine Frau ist – woran sie natürlich unschuldig sein kann –, ist es dann wirklich so erstaunlich, daß er alles dadurch verschlimmert, indem er ihr zuerst Vorwürfe macht und dann in seiner Verzweiflung gelegentlich zuviel trinkt oder anderweitig Sympathie sucht? [III, 210]

Und ich habe nicht den Mut, einen Mann zu heiraten, den ich liebe. Ich wäre dann nur seine Sklavin. [XV, 207]

Ich will keine andere Witwe hinterlassen als dich.

[XIV, 232]

Liebesehen sind die unvernünftigsten und werden vermutlich am meisten bereut. [XV, 208]

Zweitehen sind ruhiger und glücklicher. Wer zweimal verheiratet war, geht, falls der Partner stirbt, auch eine dritte Ehe ein, egal, wie alt er ist. [XV, 210]

Ein Ehemann, der immer arbeitet, ist überhaupt kein Ehemann. [XV, 217]

Heutzutage locken sich Männer und Frauen gegenseitig so oft in die Ehefalle mit diesem Hintergedanken, daß in manchen Ländern das Wort »Alimente« inzwischen soviel bedeutet wie schlichtweg Erpressung. [XVII, 44]

In der Tat entsteht ein Großteil aller Ehestreitigkeiten dadurch, daß der Mann in seiner Freizeit zuhause sein möchte, die Frau aber lieber ausgeht. [XVII, 63]

Heute ist die verheiratete Frau ein weiblicher Sklave, der an einen männlichen gefesselt ist, das Mädchen eine Gefangene im Haus und in der Hand ihrer Eltern.

[XVII, 355]

Für den Staat ist die Ehe lediglich eine Lizenz an zwei seiner Bürger, Kinder zu zeugen. [XVII, 357]

Ich habe auch zwei Namen. Wenn der Haussegen schief hängt, bin ich einfach Ralph. Wenn eitel Sonnenschein herrscht, bin ich Beedle-Deedle-Dumkins. So ist es in der Ehe! [VII, 116]

Natürlich ist es Bigamie, aber er ist noch sehr jung, und sie ist sehr hübsch. [VII, 124]

Aber wer heiratet schon einen Mann aus Liebe? Mir jedenfalls wäre das zu riskant. [IX, 148]

Und was du für Liebe hältst und Interessiertheit und all das, ist ganz und gar keine wirkliche Liebe: dreiviertel davon ist unbefriedigte Neugier. [XV, 92]

Ein mäßig ehrenhafter Mann mit einer mäßig treuen Frau, die beide mäßige Trinker sind und in einem mäßig gesunden Haus wohnen: das ist ein echtes Mittelklassepaar. [V, 19]

Außerdem ist es bequem, verheiratet zu sein. Und anständig. Es hält andere Männer ab. Es gibt mir Freiheit, die ich als ledige Frau nicht so genießen könnte. [XIV, 74]

Nein: Ich will mich von Alastair nicht scheiden lassen – zumindest nicht, bis ich einen Ersatzmann gefunden habe. [XIV, 74]

Als seine wirkliche Persönlichkeit zum Vorschein kam, habe ich gesehen, daß ich keine Frau für ihn war, sondern ein Bankkonto mit einer guten Köchin. [XIV, 122]

Ich sage Ihnen, daß gerade in den glücklichsten Ehen nicht ein Tag ohne tausend Augenblicke der Untreue vergeht. Am Anfang glaubt man, nur einen Mann zu haben. Dann findet man heraus, daß man ein Dutzend hat. Da ist eine Kreatur, die man haßt und verachtet und an die man ein Leben lang gebunden ist. Kaum aber ist das Frühstück zu Ende, sagt der Kerl etwas Nettes und wird ein Mann, den Sie bewundern und lieben. [XIV, 129]

Die normalen Männer, die außergewöhnliche Frauen geheiratet haben. Die alltäglichen Frauen, die außergewöhnliche Männer geheiratet haben. Sie alle dachten, es sei ein glänzender Fang für sie. Befolg meinen Rat: Heirate in eigenen Stand. [XIV, 77]

Was wissen die Unverheirateten schon von dem unendlich gefährlichen, herzzerreißenden, abwechslungsreichen Abenteuerleben, das wir Ehe nennen? [XIV, 130]

Als Gatte nahm er seine Ehe sehr ernst, und seine sexuellen Abenteuer betrachtete er als Forderungen der Natur. [XIV, 140]

Alastair ist körperlich anziehend. Das ist meine einzige Entschuldigung dafür, daß ich ihn geheiratet habe. Wollen Sie die Unverschämtheit haben zu behaupten, daß er irgendwelchen geistigen Charme hat? [XIV, 66]

Sie wissen besser, als sonst einer von uns, daß die Ehe eine Männerfalle ist ... Als Ihre Mutter selig Sie mit Schelten und Strafen zwang, ein halbes Dutzend Stücke auf dem Spinett zu lernen ... hatte sie da irgendein anderes Ziel, als Ihren Freiern die Vorstellung vorzuschwindeln, Ihr Gatte würde in seinem Haus einen Engel haben, der es mit Musik erfüllte ... nun, haben Sie, nachdem die Kirche Sie ihm verbunden hatte, je wieder das Spinett geöffnet? [V, 195]

Und wieviel weiß der Bauer von seiner Braut oder sie von ihm, bevor sie sich binden? Nun, Sie würden keinen Mann zu Ihrem Anwalt oder Familienarzt wählen auf eine so flüchtige Bekanntschaft hin, wie sie ausreichend scheint, sich zu verlieben und zu heiraten. [V, 200]

Und du wirst sie nun mal nicht mehr inspirierend finden, wenn sie aufhört, der Traum eines Dichters zu sein und zu einer soliden Ehefrau von 70 Kilo wird. Du wirst gezwungen sein, von jemand anderem zu träumen, und dann gibt es Krach. [V, 115]

Ein verheirateter Mann kann alles tun, wenn seine Frau nichts dagegen hat. [IX, 182]

Die Dame sagte, sie wolle meine Werbung in Betracht ziehen, vorausgesetzt ... Ich sollte ihr Eigentum in Besitz nehmen, falls sie etwas besaß, oder lebenslänglich für ihren Unterhalt sorgen, falls sie nichts besaß; ich sollte beteuern, daß ich ihre ständige Gesellschaft, ihren Rat und ihre Unterhaltung bis ans Ende meines Lebens begehre, ich sollte einen feierlichen Eid schwören, daß diese Dinge mich immer entzücken würden, vor allem, daß ich bis ans Ende meines Lebens um ihretwillen allen anderen

Frauen den Rücken kehren würde. Ich lehnte diese Bedingungen ab, nicht weil sie übertrieben und unmenschlich waren – es war vielmehr ihre völlige Undurchführbarkeit, die mich umwarf.   [V, 201]

Kinder und Familie

Das Familienideal ist ein Schwindel und eine Last.

[IX, 106]

Eltern! Familie! Pflicht! Wie ich das hasse. Gehört doch einfach in die Luft gesprengt! [IX, 168]

Die moderne Kleinfamilie ist zu engstirnig, und wenn Kinder dann nur zu Hause erzogen werden, sind sie für die Gesellschaft untauglich. [IX, 105]

Zehn Kinder mit den nötigen Erwachsenen bilden eine Gemeinschaft, in welcher ein Übermaß an Sentimentalität unmöglich ist. Zwei Kinder bilden ein Puppenheim, in welchem sowohl Eltern als auch Kinder degenerieren, wenn sie sich auf den Umgang miteinander beschränken.

[VIII, 28]

Kinder und Eltern sind einander notgedrungen fremd, weil sie im Alter weit voneinander getrennt sind. [IX, 97]

Wenn Eltern doch endlich merken würden, wie sie ihre Kinder langweilen. [IX, 162]

Kinder sind absichtslos über alle Maßen grausam.

[IX, 95]

Denn Liebe zwischen Erwachsenen (wenn sie wirklich geistig erwachsen sind und nicht nur große Kinder) und relativ so selbstsüchtigen und grausamen Wesen, wie es Kinder unwissentlich und unwillentlich sind, kann kein natürliches Gefühl genannt werden. [IX, 27]

Im ganzen genommen aber stehen Eltern und Kinder einander als Vertreter zweier Klassen gegenüber, von denen die eine alle politischen Rechte besitzt. [IX, 15]

Das Kind kennt keine andere Lebensweise als die des Sklaven. [IX, 69]

Wenn du ein Kind schlägst, achte darauf, daß du es im Zorn schlägst, selbst auf die Gefahr hin, es fürs Leben zu verstümmeln. Ein kaltblütiger Schlag kann und soll nicht vergeben werden.

Wenn du Kinder aus Lust am Schlagen schlägst, so gib das offen zu, und spiel das Spiel nach den Regeln, so wie es der Fuchsjäger tut, dann wirst du verhältnismäßig wenig Schaden anrichten. Kein Fuchsjäger ist so blöde zu behaupten, er jage den Fuchs, um ihm das Hühnerstehlen auszutreiben; er behauptet auch nicht, daß der Tod des Fuchses ihn mehr schmerze als diesen. Denke daran, daß es sogar beim Prügeln von Kindern eine sportliche und eine tölpelhafte Art gibt. [V, 316]

Ich habe mehr als einmal daran gedacht, die Jagd auf Kinder als Sport einzuführen. Dadurch würden diese Kinder jährlich zehn Monate lang sorgsam gehegt; und es würde die Sterblichkeit viel bedeutender verringern, als das Gewehrfeuer der Jäger während der restlichen zwei Monate sie erhöhen würde. [IX, 89]

Wie es die Erfahrung zeigt, ist es leichter, die Gesellschaft eines Hundes zu lieben als die seines Alltagskindes von seinem sechsten Jahr an bis zum Alter selbstbeherrschter Reife; denn viele Frauen, die sich um keinen Preis von ihrem Lieblingshund trennen würden, stecken ihre Kinder fröhlich in ein Internat. [IX, 27]

Der wahre Schrei der liebenden Mutter, nachdem sie ihr Kind gebührend geherzt und geküßt hat, ist: »Lauf nun schnell spielen, Liebling.« Das klingt hübscher als: »Hör nun endlich mit dem Lärm auf, du kleiner Satan, oder es geht dir schlecht.« Im Grunde aber bedeutet es dasselbe, nämlich, daß eines von beiden zwangsläufig unglücklich sein muß, wenn man ein Kind und einen Erwachsenen zum dauernden Zusammenleben verurteilt. [IX, 29]

Ich protestiere gegen diese schmähliche Unterwerfung der Jugend unter das Alter! ... Eine schreckliche Prozession elender Mädchen, jedes in den Klauen einer zynischen, listigen, geizigen, enttäuschten, erfahrenen und doch unwissenden, bösartigen, alten Frau, die sie ihre Mutter nennt, und deren Aufgabe es ist, ihren Geist zu verderben und sie an den Höchstbietenden zu verschachern. Warum heiraten diese unglücklichen Sklavinnen eher den ältesten und lasterhaftesten Mann, als überhaupt nicht zu heiraten? Weil die Heirat die einzige Möglichkeit ist, diesen alten Teufelinnen zu entkommen, die unter der Maske mütterlicher Pflichterfüllung und verwandtschaftlicher Zärtlichkeit ihre selbstsüchtigen Ambitionen und den eifersüchtigen Haß auf die jungen Rivalinnen verbergen, die an ihre Stelle getreten sind. [V, 121]

Das Zweitschlimmste nach einer Mutter: ein Vater.

[XV, 127]

Wir wollen vergessen, daß es so traurige Dinge auf der Welt gibt, wie Mütter und Töchter.

[XV, 142]

Meist gibt es nun eine Person, die ein englisches Mädchen noch mehr haßt als ihre ältere Schwester, und das ist ihre Mutter.

[V, 117]

Aber es ist unerträglich, daß uns ein Mensch nur deshalb aufgezwungen wird, weil er unser Bruder ist und wir zufällig dieselben Eltern haben, besonders wenn er der Typus Mensch ist, den wir, wäre er der Bruder eines anderen, sorglichst meiden würden.

[IX, 101]

In meiner Kindheit murrte ich über die Beschreibung einer gewissen jungen Dame als »die hübsche Miss Soundso«. Meine Tante tadelte mich und sagte: »Denk immer daran, daß die am wenigsten häßliche Schwester die Familienschönheit ist.«

[V, 321]

Es ist gut, Mutter, aber nicht gut, Schwiegermutter zu sein.

[IX, 103]

Ist Ihnen vielleicht schon aufgefallen, daß Leute mit Herzschwäche die eigentlichen Tyrannen des englischen Familienlebens sind?

[VIII, 177]

Wir können doch nicht anders, als unsere Blutsverwandten lieben? Ich meinerseits habe den Verdacht, daß die

natürliche Basis der Blutsverwandtschaft ein natürlicher
Widerwille ist.   [V, 249]

Schule und Erziehung

Die moralischen und körperlichen Gefahren der Erziehung sind unermeßlich. [IX, 56]

Der Umgang mit Kindern erfordert nicht Logik, sondern Vernunft. [IX, 75]

Die besterzogenen Kinder sind diejenigen, die ihre Eltern so gesehen haben, wie sie sind. Heuchelei ist nicht die erste Elternpflicht. [V, 312]

Gib deinen Kindern weder moralische noch religiöse Unterweisungen, wenn du nicht ganz sicher bist, daß sie sie nicht allzu ernst nehmen. [V, 312]

Viele Leute würden ihren Kopf kaum vermissen, es ist so wenig darin. [XIII, 50]

Mein Rat ist, Mr. Undershaft, daß Sie Griechisch lernen ... Die anderen Sprachen sind Qualifikationen von Kellnern und Geschäftsreisenden. [VI, 82]

Ich mache mir nichts aus Geld, ich mache mir etwas aus Wissen ...Wissen nützt nichts ohne Geld. [XIV, 91]

Mütter haben ein Recht auf Lehrerinnen, die selbst Mütter sind und mit Kindern umgehen können; und Priester und Pfarrer, die sich in Familienangelegenheiten einmischen, sollten wissen, wovon sie reden. [XV, 36]

Ich wollte, ich hätte einen Vater gehabt, der zwischen mich und die Fürsorge meiner Mutter getreten wäre. [XV, 127]

Werden denn die anständigen Mädchen zu mehr erzogen als dazu, den Geschmack irgendeines reichen Kerls zu reizen und sich durch Heirat in den Genuß seines Geldes zu bringen? [I, 192]

Er ist von einer frommen Mutter so gut erzogen worden, daß weder Verstand noch Männlichkeit übrig geblieben sind. [III, 73]

Wir haben außergewöhnlich intelligente Eltern – und das Ergebnis ist, daß wir eine Familie aus hilflosen Trotteln sind. [XV, 188]

Wir alle werden zu Falschdenkern erzogen, damit wir willige Sklaven bleiben und nicht rebellisch werden.

[XVII, 50]

Schon in der Grundschule sitzen die Kinder neun Jahre, ohne daß sie lernen, ihre Muttersprache anständig zu sprechen und problemlos zu schreiben. [XV, 204]

Tatsächlich ist das Eheleben in einer Einzimmerwohnung, selbst wenn keine Kinder da sind, die es noch komplizierter machen, der menschlichen Natur ebenso unerträglich wie das Leben in jener Art von Gefängnis, die wir Schule nennen, wo eine Lehrerin, die ihre Arbeit haßt, mit einem Haufen unwilliger, feindseliger, ruheloser Kinder eingesperrt ist. [XVII, 366]

Die Schule ist ein Gefängnis, in welchem die Arbeit eine Strafe und ein Fluch ist. [IX, 49]

Was die Dinge betrifft, die man uns an Schule und Universität beibringt, so muß ich ganz allgemein dazu sagen, daß wir ein ganzes Leben lang brauchen, um das Wenige, was wahr daran ist, herauszufinden, und das Viele, das daran falsch ist, als Irrtum zu erkennen. Es ist daher nicht verwunderlich, daß diejenigen, die am wenigsten »gebildet« sind, am meisten wissen. [XVII, 363]

Was aber unsere Standardbildung für bessere Damen und Herren angeht, so kann man hierzu zumindest sagen, daß es den meisten ihrer Opfer ohne Schulbildung besser ginge. [XVII, 367]

Ich habe all mein Wissen vergessen, aber ich habe große Erfahrung ... [VII, 96]

Bloße Erfahrung an sich ist nichts. Wenn ich meinen Hund mit ans Krankenbett nehme, sieht er, was ich sehe. Aber er lernt nichts daraus. Warum? Weil er kein wissenschaftlich gebildeter Hund ist. [VII, 96]

So oft ich sicheres Auftreten und Selbstbeherrschung antreffe, ohne daß ein plausibler Grund dafür vorliegt, diagnostiziere ich gute Familie. [VII, 151]

Man gebe sich äußerste Mühe, wohlgeboren und wohlerzogen zu werden ... Man trachte, in eine Schule zu gehen, in der es das gibt, was man einen Schularzt nennt.

Man trachte besonders, daß all dies auf Kosten des Staates geschehe, sonst würde es überhaupt nicht geschehen – andernfalls wird man das sein, was die Menschen gegenwärtig sind: ein ungesunder Bürger eines ungesunden Volkes, ohne genügend Verstand, sich dessen zu schämen oder darüber unglücklich zu sein.   [VII, 69]

Das Wissen ist wie das Leben eine wünschenswerte Sache, obwohl jeder Narr beweisen kann, daß Unwissenheit Seligkeit ist und daß ein wenig Wissen ein gefährlich Ding sei.   [VII, 41]

Der Nachweis ist ebenso leicht zu führen wie der, daß die Beschwerden des Lebens zahlreicher und beständiger sind als seine Annehmlichkeiten und daß wir alle daher besser tot wären.   [VII, 41]

Tausende von stumpfsinnigen, gewissenlosen Leuten züchtigen gewissenhaft ihre Kinder.   [VII, 46]

Den meisten Kindern droht und vielen wird hoffnungslose Hemmung und Vergeudung durch das Wirken der Eltern angetan, die zu wissen glauben, wie ein menschliches Wesen beschaffen sein sollte, und vor nichts zurückschrekken in ihrer Entschlossenheit, ihre Kinder in die gewollte Form zu pressen.   [IX, 22]

Die alte Erfahrung, daß Menschen aus kinderreichen Familien ihren Weg in der Welt machen, gründet sich auf der Tatsache, daß es in solchen Familien unmöglich ist, dem einzelnen das angedeihen zu lassen, was Schullehrer

»individuelle Beachtung« nennen. (...) Aber die elterlichen Despoten werden durch die Überzahl ihrer Untertanen gezwungen, sich mehr auf politische als auf persönliche Macht zu stützen. Ihre Versuche, moralische Ungeheuer hervorzubringen, verteilen sich auf so viele Kinder, daß jedem genügend Freiheit und durch das vorbeugende Auslachen hinter dem Rücken ihrer Erzeuger genug Spaß übrigbleibt, um mit geringerem Schaden davonzukommen, als dies bei einem Einzelkind der Fall wäre. [IX, 23]

Das Kind ist ein ruheloses, lärmendes kleines Tier, mit unersättlichem Wissenshunger behaftet, welcher sich in einer den Erwachsenen zum Wahnsinn treibenden Beharrlichkeit im Fragestellen äußert. [IX, 24]

Die einfältige Dummheit, die von einem Kind eine Vollkommenheit verlangt, die die weisesten und besten Erwachsenen nicht erreichen (...), veranlassen viele Menschen, Prügel auszuteilen. [VII, 46]

Das Kind hat weder Rechte noch Freiheiten. Kurz, es befindet sich in der Lage, die Erwachsene als die erbärmlichste und gefährlichste politische Lage betrachten, nämlich im Zustand der Sklaverei. [IX, 14]

Zum Glück sind nur sehr wenige Eltern fähig, ihre Pflicht oder das, was ihnen als Pflicht erscheint, unablässig zu erfüllen. [IX, 31]

Die Schulerziehung ist eine so grauenvolle Sache, daß es keine angemessenen Worte dafür gibt. [IX, 33]

Die Schule: Vor allem ist sie ein Gefängnis, in mancher Hinsicht grausamer als der Kerker. [IX, 31]

Ihr Kinder aber seid gezwungen, den scheußlichen Schwindel zu lesen, den man Schulbuch nennt und der von einem Mann geschrieben ist, der gar nicht schreiben kann, ein Buch, aus dem kein menschliches Wesen etwas zu lernen vermag, ein Buch, das man entziffern aber nicht fruchtbringend lesen kann, so daß der erzwungene Versuch euch bis ans Ende des Lebens mit Haß und Ekel vor dem Anblick eines Buches erfüllen wird. [IX, 32]

Der Schulunterricht schadete mir im höchsten Grade und hatte nicht den geringsten guten Erfolg. Er bedeutete einfach ein Durch-den-Dreck-Schleifen meiner kindlichen Seele. [IX, 33]

Meinem Ermessen nach genügt ein Blick auf die heute in den Schulen gelehrten Gegenstände, um jeden Vernünftigen zu überzeugen, daß der Zweck der Unterrichtsstunden darin besteht, die Schüler vom Unfugtreiben abzuhalten, nicht aber, sie dafür zu qualifizieren, daß sie ihre Rolle im Leben als verantwortliche Bürger eines freien Staates richtig erfüllen können. [IX, 40]

Die Schule bleibt, was sie in meiner Kindheit war, weil ihr wahrer Zweck der bleibt, der er war. Und ich wiederhole, dieser Zweck besteht darin, die Kinder davon abzuhalten, Unfug zu treiben, wobei Unfug soviel bedeutet wie die Erwachsenen belästigen.   [IX, 45]

Der obligatorische »Abschluß« der Ausbildung ist die letzte Torheit einer faulen und verzweifelten Zivilisation.

[IX, 55]

Das Gehirn eines Dummkopfes verdaut Philosophie zu Torheit, Wissenschaft zu Aberglauben und Kunst zu Pedanterie. Das nennt man dann Universitätsbildung.

[V, 312]

Wenn unsere Universitäten jeden ausschließen würden, der nicht mindestens zwei Jahre hindurch seinen Lebensunterhalt durch eigenen Einsatz verdient hat, so wäre ihr Erfolg ein weit wirksamerer.   [IX, 51]

Studienabschlüsse sind die schlimmsten Vorspiegelungen falscher Tatsachen. Die Gesellschaftsklasse der Vollakademiker ist politisch und wissenschaftlich überholt und hat von nichts eine Ahnung.   [XV, 204]

Ein gelehrter Mann ist ein Müßiggänger, der seine Zeit mit Studieren totschlägt.   [V, 312]

Der akademische Snob ist der vielleicht unkorrigierbarste aller Snobs.   [XVII, 367]

Wie kann man es wagen, einen Menschen das Lesen zu lehren, wenn man ihn nicht zuvor alles andere gelehrt hat.   [IX, 156]

Diejenigen, die das meiste gelernt haben, wissen am wenigsten. [IX, 69]

Wie oft habe ich gefunden, daß ein Gelehrter ein Mensch ist, der seinen Kopf mit Plunder vollgestopft hat, der nie da hineingehört hätte. [XIV, 204]

Es ist zum Erbarmen, heutzutage mit anzusehen, wie Männer und Frauen über fünfundvierzig daran gehen, all die Reisen und Besichtigungen von Sehenswürdigkeiten in die Wege zu leiten, die sie vor ihrem fünfzehnten Lebensjahr hätten erledigen sollen. [IX, 94]

Wenn ein Mensch etwas, was er selbst nicht kennt, jemand anderen lehrt, der keine Begabung dazu besitzt, und der erstere dem letzteren dann ein Zeugnis der Befähigung ausstellt, dann hat der letztere die Erziehung zum Gentleman abgeschlossen. [V, 311]

Jeder Dummkopf glaubt, was seine Lehrer ihm sagen. [V, 312]

Der gebildete Mensch von heute hat einen Geist, den man nur mit einem Laden vergleichen kann, in dem die neuesten und wertvollsten Errungenschaften nachlässig auf einen widerlichen Haufen von aussortiertem Abfall, Plunder und wertlosem, alten Zeug aus der musealen Rumpelkammer geworfen werden. [XVI, 97]

Ich gebe zu, daß man im allgemeinen Geist und Charakter einer jungen Dame bildet, indem man ihr Lügen erzählt. [V, 118]

Bildung und Beruf

Alle Berufe sind Verschwörungen gegen den Laien.

[VII, 103]

Wer kann, tut, wer nicht kann, lehrt. [V, 312]

Und auch die fähigsten und unabhängigsten Denker sind damit zufrieden, ihr eigenes Spezialfach zu verstehen. Auf anderen Fachgebieten werden sie ohne Zögern die Weisungen eines Polizisten oder den Rat eines Schneiders verlangen und befolgen (...). [XII, 62]

Kein Mensch kann ein reiner Spezialist sein, ohne im strengen Sinn ein Idiot zu sein. [V, 312]

Tätigkeit ist der einzige Weg zum Wissen. [V, 312]

Niemand wird einen Weltverbesserer einstellen, solange es ausreichend Leute gibt, die sich selbst verwirklichen in bezahlten Jobs. [XV, 170]

Ich glaube aufrichtig an die Würde der Arbeit. / Das kommt daher, weil Sie nie gearbeitet haben ... Meine Aufgabe ist's, Arbeit überflüssig zu machen. Aus mir und einer Maschine kriegen Sie mehr raus als aus zwanzig Arbeitern – und wir brauchen auch nicht so viel zu trinken wie die. [V, 111]

Freizeit oder Freiheit sind stärker, wo immer die Arbeit selbst keinen Spaß macht. [XVII, 65]

Für den Ignoranten ist jeder Kapitän eines Handelsschiffes ein Galilei, jeder Drehorgelspieler ein Beethoven (...), jede Lokomotive ein Wunder, und ihr Führer nicht weniger bewunderungswürdig als George Stephenson.

[VII, 27]

Kurz, der Laufbahn einer Frau in das Geschäfts- oder Berufsleben steht nichts im Weg außer: Vorurteil, Aberglaube, altmodische Eltern, Schüchternheit, Snobismus, Unwissenheit über unsere heutige Welt und alle die anderen geistigen Schwächen, gegen die es kein anderes Heilmittel gibt als neue Ideen und individuelle Charakterstärke. [XVII, 147]

Ich bin Arzt. Ich habe nichts zu befürchten. [VII, 183]

Man mache es dem Arzt zur Pflicht, ein Schild zu führen, auf dem außer den Angaben, die auf seine Qualifikation hinweisen, die Worte stehen: Bedenke, daß auch ich sterblich bin. [VII, 69]

Im allgemeinen lernt der Arzt also erkennen, daß er ein ruinierter Mann ist, falls er sich seinen abergläubischen Patienten überlegen zeigt. Infolgedessen trachtet er instinktiv danach, sie an Aufklärung nicht zu übertreffen.

[VII, 61]

Ach, ich halte nicht viel von Wissenschaft. Und das werden Sie auch nicht mehr, wenn Sie solange mit ihr zusammengelebt haben wie ich. [VII, 75]

Wahrhaftig! Das ist das, was den Medizinstudenten zu der widerlichsten Erscheinung in der modernen Zivilisation macht. Keine Ehrfurcht, keine Manieren ...
[VII, 79]

Diesen verdammten praktischen Ärzten sollte verboten werden, einen Patienten zu untersuchen, außer im Auftrag eines Spezialisten. [VII, 90]

Unter Ärzten ist er als B. B. bekannt, und der Neid, den seine erfolgreiche Praxis hervorruft, wird durch die Überzeugung gemildert, daß er vom fachlichen Standpunkt aus ein ungeheurer Schwindler ist. [VII, 91]

Walpole hat keinen Verstand. Er ist nur Chirurg. Ein glänzender zwar, aber was ist schon Operieren? Bloß eine Handarbeit. [VII, 101]

Ich kenne die Doktoren. Sitzen zusammen und reden übereinander, statt sich um ihre armen Patienten zu kümmern. [VII, 104]

Ein Arzt ist doch etwas Großartiges! [VII, 115]

Das Chloroform richtet eine Menge Unheil an. Es befähigt jeden Dummkopf, zu operieren. [VII, 86]

Es ist immer dasselbe bei Leuten mit unkünstlerischen Berufen. Wenn die Argumente ausgehn, versucht man es mit Einschüchterung.   [VII, 143]

REPORTER *neugierig*: Steht es so schlecht um ihn? Ich sag's ja, heut ist ein Glückstag für mich. Haben Sie etwas dagegen, wenn ich Sie fotografiere? Können Sie nicht eine Lanzette oder so was in die Hand nehmen?

[VII, 164]

Er sagte, den Privatärzten solle man durch Gesetz das Handwerk legen. Als ich fragte, warum, sagte er, daß die privaten Ärzte unwissende, amtlich zugelassene Mörder seien.   [VII, 180]

Aber es gibt Ärzte, die von Natur aus grausam sind, und es gibt andere, die gewöhnen sich erst daran und werden dann gefühllos.   [VII, 181]

Eine schwere Krankheit oder ein Todesfall macht für den Arzt genauso Reklame wie eine Hinrichtung für den Anwalt.   [VII, 13]

Es ist unwissenschaftlich ... zu glauben, daß Ärzte unter den jetzigen Verhältnissen nicht auch unnötige Operationen ausführen oder einträgliche Krankheiten herbeiführen und verlängern.   [VII, 13]

Ärzte sind genau wie andere Menschen: die meisten von ihnen haben keine Ehre und kein Gewissen.   [VII, 14]

Die einzigen Zeugen, die beweisen können, daß ein Kunst-fehler vorliegt, sind die Sachverständigen, das heißt, an-dere Ärzte, und jeder Arzt wird einem Kollegen eher gestatten, einen Landstrich zu entvölkern, als das Band kollegialer Etikette zu verletzen und ihn preiszugeben.

[VII, 19]

Die Krankenpflegerin ist es, die den Arzt heimlich preis-gibt, weil jede Krankenpflegerin irgendeinen bestimmten Arzt hat, den sie mag, und gewöhnlich versichert sie ihren Patienten, daß alle anderen entsetzliche Dummköpfe sei-en, und vertreibt dem Kranken durch Geschwätz über die Schnitzer dieser anderen Ärzte die Langeweile.

[VII, 20]

Sie wird sogar mal einen Arzt preisgeben, um dem Pa-tienten einzureden, daß sie mehr als der Arzt verstünde.

[VII, 20]

Der Zwei-Pfund-Arzt glaubt niemals, daß der Fünf-Schil-ling-Arzt recht hat. Wenn er das glaubte, würde er still-schweigend zugeben, daß er um ein Pfund fünfzehn Schil-ling überbezahlt wird. [VII, 20]

Tatsächlich sind die meisten Ärzte nicht wissenschaft-licher als ihre Schneider ..., die Heilkunde ist eine Kunst, keine exakte Wissenschaft. [VII, 27]

Ohne Angst und Leichtgläubigkeit hätte der Privatarzt nur halb soviel zu tun. [VII, 39]

Wenn der Patient ein Vorurteil hat, muß der Arzt es entweder unterstützen, oder er wird seinen Patienten verlieren. [VII, 60]

Die medizinische Privatpraxis wird nicht von der Wissenschaft, sondern von Angebot und Nachfrage dirigiert.

[VII, 62]

Titel heben die Mittelmäßigen hervor, bringen die Überlegenen in Verlegenheit und werden von den Gemeinen entehrt. [V, 315]

Große Männer lehnen Titel ab, weil sie eifersüchtig auf sie sind. [V, 315]

Bitten Sie den nächstbesten Apotheker um ein Aphrodisiakum. Aber einem gewöhnlichen Apotheker kann ich mich nicht anvertrauen. Morgen würde es die ganze Stadt wissen. [XIV, 175]

Ich halte Sie nicht von der Arbeit ab – wenn Sie Briefeschreiben arbeiten nennen. [VII, 76]

Aber ich weiß wohl ..., daß der gewöhnliche Mensch kein Philosoph ist. Für ihn genügt der gesunde Menschenverstand. [V, 141]

Die Philosophen stehlen alle ihre stolzen Entdeckungen von den Künstlern und behaupten dann, sie hätten sie von Zahlen abgeleitet, die sie Gleichungen nennen.

[XIV, 210]

Wenn du gewissenlos bist, bei dem, was du predigst, dann ist der richtige Beruf für dich auf der Anwaltsbank. Aber da du auch gewissenlos bist, in dem, was du tust, wirst du vermutlich auf der Anklagebank enden.

[XV, 86]

Ich kann es mir nicht leisten, eine Klientin mit solchem Einkommen und solchem Temperament zu verlieren. Die Wutausbrüche dieser Frau bringen jedem Anwalt zwei- bis dreitausend im Jahr ein. [XIV, 115]

Sie sind kein Mensch! Sie sind ein Rhinozeros. Und ein Narr dazu. / SAGAMORE: Ich bin lediglich Anwalt.

[XIV, 49]

MENDOZA: Ich bin ein Räuber, ich lebe davon, daß ich die Reichen beraube.
    TANNER: Ich bin ein Gentleman, ich lebe davon, daß ich die Armen beraube. Wir können uns die Hand geben.

[V, 144]

Ein Mensch, der kleine Kinder überfällt und ausraubt, wenn niemand zusieht, kann wohl kaum viel Selbstachtung besitzen; aber ein perfekter Einbrecher muß einfach stolz auf sich sein. [VII, 25]

Wem die Offiziersmesse nicht paßt, dem steht das Heer offen. [XV, 129]

Wenn der Soldat kommt, dann schließt alle Welt die Silberlöffel weg und sperrt die Frauenzimmer ein. [V, 188]

Die Befreiung der Frauen vom Militärdienst ist nicht etwa auf irgendeine natürliche Nichteignung zurückzuführen (...) Männer sind weit eher entbehrlich und werden dementsprechend geopfert. [XII, 33]

Denken Sie daran, von zehn Soldaten sind neun schwachsinnig. [II, 20]

Einen alten Soldaten können Sie immer am Inhalt seiner Sattel- und Patronentaschen erkennen. Die Jungen haben Pistolen und Patronen drin. Die Alten haben was zum Fressen. [II, 23]

Soldat-Sein, gnädige Frau, ist die Kunst der Feigheit: man greift gnadenlos an, wenn man stark ist, und hütet sich vor Gefahr, wenn man schwach ist. Das ist das ganze Geheimnis militärischer Erfolge. Bring deinen Feind ins Hintertreffen, aber bekämpfe ihn niemals unter den gleichen Bedingungen. [II, 43]

Jeder Narr, den eine Kugel erwischt, ist heutzutage ein Held, weil er fürs Vaterland stirbt. Warum lebt er nicht dafür und macht sich nützlich? [VII, 173]

Von allen verdammungswürdigen Vergeudungen des Menschenlebens, die jemals erfunden wurden, ist die Buchhalterei die allerschlimmste. [IX, 199]

Erstklassige Arbeit wird heute unter höchst entmutigenden Umständen geleistet. [XVII, 60]

Das Verhältnis von Vorgesetztem zu Untergebenem
schließt gute Manieren aus. [V, 311]

Kunst und Könner

Lesen ist ein gefährlicher Zeitvertreib. [IX, 155]

Zehn Jahre billiger Lektüre haben die Engländer verändert: Aus der unerschütterlichsten Nation Europas ist die theatralischste und hysterischste geworden. [III, 105]

Das Leben besteht nicht nur aus Theaterstücken und Gedichten. [V, 86]

Kritiker, wie andere Leute auch, sehen das, was sie sehen wollen, nicht das, was sie wirklich vor Augen haben.
[III, 111]

Wozu, glauben Sie, wurde mein Gehirn geschaffen? Nicht um die Glieder zu bewegen; denn eine Ratte, die nur die Hälfte meines Gehirns besitzt, bewegt sie ebenso gut. Nicht die Notwendigkeit zu tun, schuf mein Gehirn, sondern die Notwendigkeit zu wissen, was ich tue. [V, 175]

In Wirklichkeit ist Hectors Bildung nichts als ein Zustand von Sättigung mit unseren literarischen Exporten von vor dreißig Jahren. [V, 124]

Ein Kerl, der sich für einen Intellektuellen hält, weil sein Vater Verleger war! [XIV, 59]

Wir dagegen wären schon an Idiotie gestorben, an mangelndem Einsatz unserer geistigen Fähigkeiten, wenn wir unsere Köpfe nicht mit phantastischem Unsinn aus Illustrierten, Romanen, Theaterstücken und Filmen vollgestopft hätten. Solches Zeug hält uns am Leben; aber es verfälscht alles auf derart absurde Weise, daß wir schließlich mehr oder weniger gefährdete Irre innerhalb der realen Welt werden. [XVII, 136]

Das Leben hat seine eigenen Wirklichkeiten hinter den Scheinvorführungen, das Theater hat nichts als seine Scheinvorführungen. [III, 101]

Ein Schauspieler, ein Maler, ein Komponist, ein Dichter kann so selbstsüchtig sein, wie er will, ohne daß das Publikum ihm daraus einen Vorwurf macht, wenn er nur in seiner Kunst Hervorragendes leistet. [VII, 26]

Ich möchte nur die Aufmerksamkeit auf die Tatsache lenken, daß die Kunst – mit Ausnahme der Tortur – der einzige wirkliche Lehrmeister der Menschen ist. [IX, 107]

Von Krankheit abgesehen, gibt es nichts Schrecklicheres, als ein langweiliges Buch zu lesen, ein langweiliges Theaterstück zu sehen oder eine schwerfällige Predigt anzuhören, uninteressante Bilder oder häßliche Gebäude anzustarren. Die Gewalt, die dadurch an unserer Seele verübt wird, hinterläßt Wunden und ruft subtile Krankheiten hervor, die die Psychopathologie noch nie ernstlich studiert hat. [IX, 107]

Wir wachsen in eben dem Ausmaß dumm und verrückt heran, in dem wir nicht künstlerisch erzogen werden, und die Tatsache, daß dieser Makel der Dummheit und der Verrücktheit geduldet werden muß, weil er allgemein ist und sogar als englisches Charakteristikum gerügt werden muß, verschlechtert nur noch die Lage. [IX, 111]

Diejenigen, die die moderne Zivilisation bewundern, setzen sie gewöhnlich mit der Dampfmaschine und dem elektrischen Telegraphen gleich. [V, 322]

Künstler beweisen die Dinge nicht! Sie haben das nicht nötig. Sie wissen sie. [XIV, 211]

Es kann nichts so wunderbar sein, daß ein Philosoph es nicht zu glauben vermöchte. Der Philosoph sieht täglich hundert Wunder, wo die Unwissenden und die Gedankenlosen nur den Alltag und die üblichen Aufgaben sehen. [XIV, 157]

Jeder gibt zu, daß ein klassisches Konzert etwas Höheres, Kultivierteres, Poetischeres, Intellektuelleres ist und etwas, das den Menschen mehr veredelt als ein Pferderennen. Aber geben die Rennliebhaber etwa ihren Sport auf und drängen sich in den Konzertsälen? [V, 171]

In jedem dieser Konzerte in England findest du ganze Stuhlreihen von erschöpften Leuten, die nicht dort sind, weil sie klassische Musik wirklich lieben, sondern weil sie glauben, sie müßten klassische Musik lieben. [V, 171]

Die Hölle ist voll von Musikamateuren. [V, 168]

Musik ist der Branntwein der Verdammten. Kann man nicht einer einzigen verlorenen Seele erlauben, Abstinenz zu halten? [V, 168]

Die Welt muß von den Künstlern lernen, weil Gott die Welt als Künstler schuf. [XIV, 210]

Der wahre Künstler läßt seine Frau hungern, seine Kinder barfuß gehen, seine Mutter noch mit siebzig für seinen Lebensunterhalt schuften, ehe er eine andere Arbeit tut als seine künstlerische. [V, 78]

Aber du bist ein Künstler: das heißt, dein Ziel fordert alles und macht ebenso skrupellos wie das einer Frau. [V, 78]

Seit es die Ehe gibt, weiß man, daß der große Künstler ein schlechter Gatte ist. [V, 79]

Tugend und Laster

Es gibt keine vollkommen ehrenhaften Männer.   [V, 315]

Die Moral mag zu ihrem Vater, dem Teufel, gehen.

[V, 87]

Was die Leute Gutsein nennen, muß ebenso sehr gezügelt werden wie das, was sie Schlechtsein nennen, denn die menschliche Konstitution hält von beiden nicht viel aus ohne ernste psychologische Schädigung, die im Wahnsinn oder im Verbrechen endet.   [VIII, 31]

Alte Männer sind gefährlich: es ist ihnen einerlei, was aus der Welt wird.   [XI, 148]

Wenn ein Engländer sich unbehaglich fühlt, so glaubt er, er sei moralisch.   [V, 72]

Das Interesse eines Menschen an der Welt ist nur, was von seinem Interesse an sich selbst übrigbleibt.   [XI, 148]

Sie lieben die Notleidenden und die Ausgestoßenen, Sie lieben die unterdrückten Rassen, die Neger, die indischen Bauern, alle Unterdrückten. Lieben Sie die Japaner? Lieben Sie die Franzosen? Lieben Sie die Engländer? Nein. Jeder echte Engländer verachtet die Engländer. Wir sind die verruchteste Nation der Welt, und unser Erfolg ist ein moralisches Grauen.   [VI, 171]

Haß ist die Rache des Feiglings dafür, daß er eingeschüchtert wurde. [VI, 172]

Wenn ich dreist, skrupellos, gewinnsüchtig, erfolgreich und reich bin, werd ich von allen geachtet, bewundert, umworben und umschmeichelt. Dann kann ich mir auch den Luxus der Anständigkeit leisten (...) ein paar Tausend für Krankenhäuser und Spenden in die Parteikasten der Politiker und schon habe ich einen Heiligenschein.
[XV, 125]

Aber sein Nachfolger wird ein noch dümmerer Schurke sein, oder weit schlimmer, ein dummer Kerl, der kein Schurke ist. Die schlauen Schurken sind alle käuflich, aber die braven Dummköpfe sind wahre Teufel.
[XIV, 235]

Das Schicksal des Mannes, der das Leben sieht, wie es ist, und romantisch darüber denkt, heißt Verzweiflung.
[IV, 11]

Majestät, wenn ein dummer Mensch etwas tut, dessen er sich schämt, wird er immer erklären, es sei seine Pflicht.
[IV, 100]

Nein, nein, ich meine ja nicht, daß ich so besonders klug bin, nur daß die anderen so dumm sind. [IV, 124]

Mitleid! Der Straßenkehrer des Elends. [VI, 171]

Gott schütze diese Welt, wenn jeder anfängt, das Rechte zu tun. [I, 233]

Es ist aber ein Fehler, die Dummheit nur deshalb zu wählen, weil dumme Leute untereinander nicht streiten.

[XVII, 290]

Sagen Sie: du darfst nicht lügen, weil dir sonst niemand etwas glaubt!, dann wissen Sie nur allzu gut, daß das selbst eine faustdicke Lüge ist, zumal fast alle Lügen zum Erfolg führen, und die menschliche Gesellschaft gar nicht existieren könnte ohne einen gut Teil harmloser Lügen.

[XVII, 303]

Jede technische Fertigkeit zu etwas Gutem ist zugleich die technische Fertigkeit zu etwas Bösem. [XVII, 374]

Gute Menschen sind manchmal ausgesprochene Teufel, weil sie, wenn ihr guter Wille auf die falsche Bahn kommt, viel länger darauf weitergehen und viel rücksichtsloser sind als schlechte Leute. [XVII, 423]

Bigamie, Bigamie, hach, Bigamie! Was für eine Faszination hat für euch doch alles, was mit der Polizei zusammenhängt, ihr Moralisten! [VII, 141]

Was ist von Ihrem Moralisieren übrig geblieben? Ein bißchen Stickstoff, der die Luft verschlechtert hat. [VII, 149]

Die Strafgesetze taugen nicht für anständige Menschen. Sie helfen nur Gaunern, ihre Familien zu erpressen. Was

tun wir Hausärzte denn die halbe Zeit anderes, als zusammen mit den Familienanwälten zu verhandeln, um irgendeinen Schurken vor dem Gefängnis und die Familie
vor Schande zu bewahren. [VII, 142]

War er denn wirklich so schlecht? Er hatte nur zwei
Schwächen, Geld und Frauen. [VII, 174]

Ein Gauner ist ein Gauner, ein anständiger Mann ist ein
anständiger Mann, und weder der eine noch der andere
wird jemals eine Gelegenheit auslassen, mit Religion oder
Moral zu beweisen, daß seine Art zu leben die richtige
Art ist. [VII, 174]

Ehre und Gewissen: was sie gewöhnlich irrtümlich davon halten, ist Sentimentalität und die furchtbare Angst,
etwas zu tun, was nicht jeder andere auch tut (...)
[VII, 14]

Man lasse Grausamkeit oder Güte oder irgend etwas
anderes zur Gewohnheit werden, und es wird auch von
Leuten, in deren Natur dergleichen durchaus nicht ge-
legen ist, ausgeübt werden. [VII, 47]

Die Dame, die ihren Mantel durch das Quälen eines
Zobels erhält, würde niemals einen Neger quälen, noch
käme es ihr je in den Sinn, ihr Kalbskotelett lieber durch
ein Stück zartes Kinderfleisch zu ersetzen. [VII, 49]

Das Interesse an Krankheiten und Verirrungen, das manche Männer und Frauen der Medizin und Chirurgie in die

Arme treibt, ist zuweilen ebenso morbid wie das Interesse für Elend und Laster, das andere der Philanthropie und der »Errettung von Sünden« zutreibt. [VII, 64]

Nur in der Hölle behalten die Menschen ihre sündige Natur bei, also ihre Individualität. [IX, 12]

Der Erwachsene, der unangenehm und widerwärtig ist, darf ebensowenig tun, was ihm beliebt, wie das unangenehme, widerwärtige Kind. [IX, 23]

Man glaube keinen Augenblick, daß unkultivierte Menschen gleichgültig gegen hohe und edle Eigenschaften sind. Sie hassen sie mit ausgesprochener Bösartigkeit.

[IX, 110]

Ach, das Gemeinwohl! (...) Im Grunde ist das eine Art Bequemlichkeit, man amüsiert sich mit den Sorgen anderer Leute und wird dadurch seine eigenen los. [IX, 139]

Nächstenliebe ist die bösartigste Art von Lüsternheit.

[V, 322]

Wer Geld gibt, das er nicht verdient hat, geht großzügig mit der Arbeit anderer um. [V, 322]

Jede aufrichtig wohltätige Person haßt Almosen geben und Bettelei. [V, 322]

Die Natur des Menschen! Verkommenheit! Gefräßigkeit! Selbstsucht! Ausbeutung der Armen! [IX, 197]

Wenn ein Mensch einen Tiger umbringen will, nennt er das Sport; wenn der Tiger ihn umbringen will, nennt er das Wildheit. [V, 314]

Der Mord auf dem Schafott ist die schlimmste Form des Mordes, denn dort geschieht er mit Billigung der Gesellschaft. [V, 314]

Mord und Todesstrafe sind keine Gegensätze, die einander aufheben, sondern gleich und gleich, die ihresgleichen zeugen. [V, 314]

Das Verbrechen ist nur die Kleinhandelsabteilung dessen, was wir im Großhandel das Strafgesetz nennen. [V, 314]

Die Verbrecher sterben nicht durch die Hand des Gesetzes. Sie sterben durch die Hand anderer Menschen.
[V, 314]

Keine besondere Tugend und kein besonderes Laster bei einem Menschen deutet auf eine andere besondere Tugend oder auf ein anderes besonderes Laster bei ihm hin.
[V, 317]

Selbstverleugnung ist keine Tugend, sie ist nur die Auswirkung der Klugheit auf die Schlechtigkeit. [V, 317]

Laster ist Verschwendung von Leben. Armut, Gehorsam und Zölibat sind die kanonischen Laster. [V, 317]

Gehorsam täuscht Unterordnung vor, so wie Angst vor der Polizei Ehrlichkeit vortäuscht. [V, 317]

Das Leben macht alle Menschen gleich; der Tod enthüllt die Hervorragenden. [V, 322]

Der Mann, der von der Prügelbank in Eton auf die Bank gelangt, von der aus er den Straßenräuber zur körperlichen Züchtigung verurteilt, ist das gleiche soziale Produkt wie der Straßenräuber, der von seinem Vater getreten und seiner Mutter geohrfeigt worden ist, bis er stark genug wurde, die reichen Bürger, deren Geld er begehrt, zu würgen und zu berauben. [V, 314]

Wenn du deinen Nächsten verletzt, dann tu es nicht halb. [V, 325]

Wenn du anfängst, dich denen, die du liebst, zu opfern, wirst du am Ende die, denen du dich geopfert hast, hassen. [V, 325]

Legen Sie sich ein bißchen Unverschämtheit zu, dann werden Sie noch ein ganz beachtlicher Mann. [V, 69]

Es ist diese Rücksicht auf andere Leute – oder vielmehr diese feige Furcht vor ihnen, die wir Rücksicht nennen –, die uns zu den sentimentalen Sklaven macht, die wir sind. [V, 96]

Der Mensch mißt seine Stärke an seiner Kraft, zu zerstören. [V, 178]

Wenn die Boa Constrictor erst einmal den Bock fest umschlungen hat, so sind ihr seine Meinungen völlig gleichgültig. [V, 97]

Die Natur ist, meine liebe Dame, wie Sie es nennen würden, unmoralisch. [V, 202]

Viele der verabscheuungswürdigsten menschlichen Laster sind nicht angeboren, sondern bloße Reaktionen unserer Institutionen auf unsere Tugenden. [XIX, 284]

Wir alle lügen, wir alle versuchen, die anderen zu beherrschen, soweit wir können, wir alle wollen Bewunderung erregen, ohne sie im geringsten zu verdienen. [V, 248]

Reich und arm

Geld ist die wichtigste Sache in der Welt. [VI, 26]

Ich will, daß jeder anständig leben kann, denn arme Leute gehen einem genauso auf die Nerven wie reiche.

[XV, 180]

Privateigentum, sagt Proudhon, ist Diebstahl. Das ist das einzig Wahre, das über diesen Gegenstand je gesagt worden ist. [V, 315]

Wie kommt es nur, daß die Leute, die es verstehen, sich zu vergnügen, nie Geld haben, und die Leute, die Geld haben, nie verstehen, sich zu vergnügen? [XIV, 82]

Wenn du nicht über Geld nachdenkst, worüber denkst du dann nach? Frauen? [XIV, 81]

Von den beiden Prozessen, jemandem das Blut auszusaugen oder selbst zu bluten, ist Blutsaugen der größere Spaß.

[XV, 13]

Verschwende deine Zeit nicht auf soziale Fragen, woran die Armen kranken, das ist die Armut, woran die Reichen kranken, das ist die Nutzlosigkeit. [V, 323]

Wäre das Glück am Maßstab des materiellen Reichtums zu messen, so müßte der Mann vierzehntausendmal glücklicher gewesen sein als ein Arbeiter ... Und wer etwa glaubt, Reichtum sei eine Belohnung für Tugend, müßte zwangsläufig daraus schließen, daß der Magnat auch vierzehntausendmal nüchterner, redlicher und fleißiger war, was wiederum zu der erheiternden Schlußfolgerung führen könnte, daß der Arbeiter – angenommen, der Reiche hätte eine Flasche Wein am Tag getrunken – tatsächlich vierzehntausend Flaschen trinken müßte.

[XV, 15]

Ich plädiere daher für eine wissenschaftliche Erforschung des Glücks, damit wir von der erbärmlichen falschen Vorstellung geheilt werden, wir könnten glücklich sein, wenn wir nur reicher wären als unsere Nachbarn.   [XV, 15]

Altmodische Menschen glauben, daß man eine Seele haben kann ohne Geld. Sie glauben, je weniger Geld man besitzt, desto mehr Seele hat man. Junge Menschen wissen das heutzutage besser. Eine Seele zu erhalten, das ist eine kostspielige Sache: sehr viel kostspieliger als ein Auto.

[XI, 146]

Unsere revolutionären Schriftsteller bleiben bei den Schrecken der Armut stehen; während die konventionellen und romantischen Autoren sie überhaupt ignorieren und mit Vergnügen in den eleganten Erscheinungsformen eines Lebensstils schwelgen, der frei von pekuniären Sorgen ist.   [XV, 11]

Die Reichen, heißt es, wissen nicht, wie die Armen leben, aber niemand spricht einmal die viel unheilvollere Tatsache laut und deutlich aus, daß die Armen nicht wissen, wie die Reichen leben. Die Reichen sind eine Minderheit; und sie verzehren sich nicht im Neid auf die Armen.

[XV, 15]

Diese Armen verstehen nicht, in anständigen Wohnungen zu leben, mein junger Freund, sie würden sie in einer Woche demolieren.

[I, 97]

Ich kenne die Nachmittage des müßigen reichen Mannes und weiß nur zu gut, wie man sich dabei fühlt: Ich denke dann jedesmal an Selbstmord.

[XV, 18]

Nichts verwischt so sehr den Leistungsunterschied zwischen zwei Personen wie ihre unterschiedlichen Einkommen.

[XVII, 57]

Kommen Sie und sehen Sie sich das neueste Automodell an: Wir haben das alte Design verändert, egal, ob es nun besser oder schlechter ist, nur um Ihnen einen Vorwand zu geben, sich einen neuen Wagen kaufen zu können und den alten dann zu Schrottpreisen abzustoßen.

[XV, 21]

Wer glaubt, er könne zu allen Zeiten auf anständige Weise frei sein, ist ein Idiot: die Leute, die Vollzeitfreiheit suchen, indem sie ihren Anteil an produktiver Arbeit auf andere abwälzen, sind Diebe.

[XV, 25]

Richtiges Leben! Ich frag mich, wo man das finden kann! Wir haben fast sechstausend Pfund in zwei Monaten ausgegeben auf der Suche danach.

[XV, 87]

Der Piratenkönig, der Räuberbaron und der Ausbeuter haben gemeinsam eine Regierung geschaffen, die sie als Empire, Staat, Reich, Republik bezeichneten oder ihr sonst einen imponierenden Namen gaben, der den eigentlichen Zweck nicht verrät. [XV, 26]

Man kann heute kein Gentleman sein mit weniger als fünfzigtausend im Jahr, Herr Feldwebel. (...) Sind Sie etwa ein Gentleman? Nein, mein Herr, das würde sich nicht auszahlen, das kann ich mir nicht leisten. [XV, 125]

Ist es nicht leichter für ein Kamel, durchs Nadelöhr zu gehen, als für eine reiche Frau, ins Himmelsreich zu kommen? [XV, 193]

Ohne Zweifel ist es leicht zu beweisen, daß das Privateigentum die Gesellschaft zerstören wird, wenn die Gesellschaft nicht das Privateigentum zerstört. [XIX, 266]

Ein echter Kommunist (grob definierbar als ein sehr stolzer Mensch, der beabsichtigt, den gemeinsamen Besitz zu bereichern statt von ihm zu zehren) ist einem gewöhnlichen Aktionär genauso überlegen wie ein Aktionär einem Seeräuber. [XIX, 274]

Papa wird alt, und alte Männer gehen manchmal unvernünftig um mit ihrem Geld. [XV, 196]

Geld ist eine Garantie für Komfort und das, was man Kultur nennt. [XV, 222]

Geld ist die angenehmste Sache der Welt ... Es ist nicht die Schuld des Geldes, wenn manche Leute so dumm oder habgierig sind, daß sie es mehr lieben als ihre eigene Seele. [XVII, 36]

Du kannst so romantische Ansichten über die Liebe haben wie du magst, aber du darfst keine romantischen Ansichten über Geld haben. [V, 130]

Das bei weitem ungerechteste und schlimmste Privileg, das die Reichen für sich in Anspruch nehmen, ist ihr Vorrecht, auf ganz legale Weise nichts zu arbeiten. [XVII, 46]

Die Reichen sind sehr karitativ: sie wissen genau, daß sie für ihren Reichtum ein Lösegeld zahlen müssen.

[XVII, 52]

Andererseits gibt es aber Leute, die über jeden Augenblick, den sie arbeiten, schimpfen. Das ist kein Grund, sie von ihrem Soll zu befreien. Wer weniger arbeitet, als er sollte, und doch seinen vollen Anteil an dem durch Arbeit produzierten Reichtum annimmt, ist ein Dieb und sollte wie jeder andere Dieb behandelt werden. [XVII, 58]

Wir geben heute den Arbeitslosen eine Unterstützung, aber nicht aus Liebe zu ihnen, sondern weil sie, wenn wir sie verhungern ließen, anfingen, unsere Fenster einzuschlagen und schließlich unsere Läden plündern und unsere Häuser anzünden würden. [XVII, 84]

Die ganze besitzende Klasse wartet doch unaufhörlich
auf Sachen, die es zu erben gibt.   [XVII, 420]

Jeder Mensch findet es widerlich, arbeiten zu müssen,
Geld verdienen zu müssen.   [I, 193]

Der figürliche Vorgang, den man »den reichen Mann
zur Ader lassen« nennt, wird täglich nicht nur figürlich,
sondern wörtlich von Chirurgen geübt ... und der Patient wird sich nach vierzehntägiger Bettruhe gar nicht
schlechter fühlen, während die Krankenpflegerin, der
Hausarzt, der Apotheker und der Chirurg sich sehr viel
besser befinden werden.   [VII, 12]

... daß jene unseligen Menschen, die ein unabhängiges
Einkommen, aber keine nützliche Beschäftigung haben,
erstaunlich unangenehme und gefährliche Dinge vollfüh-
ren, um am Abend hungrig und müde zu sein. Wenn sie
nicht in dem aufgehen, was sie Sport nennen, so vollbrin-
gen sie zwecklos Leistungen (...): Sie reiten Pferde und
fahren Automobile, probieren Kleider an und spazieren
auf und ab, um sie zu zeigen.   [IX, 48]

Die Liebe zur Ökonomie ist die Wurzel aller Tugend.
                                                     [V, 317]

Je mehr ein Mensch über das hinaus, was er braucht, besitzt, desto mehr wird er von Sorgen geplagt.   [V, 318]

In einer häßlichen und unglücklichen Welt kann auch der
Reichste nur Häßlichkeit und Unglück kaufen.   [V, 318]

In seinem Bestreben, der Häßlichkeit und dem Unglück zu entgehen, vergrößert der reiche Mann beides. Jeder neue Quadratmeter im Westend schafft einen neuen Hektar im Eastend. [V, 318]

Die Phantasie kann sich keinen gemeineren Verbrecher vorstellen, als den, der noch einmal ein London erbauen würde, wie das gegenwärtige, und keinen größeren Wohltäter, der es zerstören würde. [V, 323]

Geld scheffeln. Gott's Donner! Das ist ein sehr befriedigendes Vergnügen und eines, das bis zum Tode anhält.

[XIV, 202]

Alle Leute, die unzufrieden sind, sind es nur, weil sie arm sind. Ich bin nicht arm und sehe also nicht ein, warum ich unzufrieden sein sollte. [XV, 165]

Das Geheimnis des finanziellen Erfolges besteht darin, sich um nichts anderes als eben darum zu kümmern und für nichts anderes als dafür zu arbeiten. [XIV, 13]

Vor allem aber begünstigt diese moderne Demokratie die Herrschaft des Geldes ... Da nämlich die gemeinsten Geschöpfe reich werden können, wenn sie diesem Streben ihr Leben widmen, und mit ebensolcher Gewißheit diejenigen Menschen arm werden oder bleiben, die umfassendere und edlere Interessen haben, ist die Plutokratie, sozial gesehen, eine ganz teuflische Einrichtung.

[XIV, 15]

Mein lieber alter Vater hat mir das beigebracht. »Halte dich an dein Geld«, sagte er, »und alle anderen Dinge werden von selbst dazukommen«. Er sagte, das stehe in der Bibel. [XIV, 73]

Schicken Sie mir Ihre Rechnung am Jahresende ... Schicken Sie auch gleich eine gerichtliche Aufforderung ... sonst haben Sie Ihr Geld gesehen ... Selbstverständlich warte ich immer auf eine Aufforderung. Es ist eine einfache Vorsichtsmaßnahme dagegen, daß zweimal geschickte Rechnungen doppelt bezahlt werden. [XIV, 75]

SAGAMORE: In Armut! Sie verblüffen mich. Es heißt, daß er Ihnen, seinem einzigen Kind, dreißig Millionen hinterlassen hat. EPIFANIA: Na und? Was waren für ihn schon dreißig Millionen? Er hatte versprochen, mir zweihundert Millionen zu hinterlassen. Mir ist ein Bettel von dreißig geblieben ... Sie vergessen die Erbschaftssteuer. Ich habe kaum siebenhunderttausend im Jahr. Wissen Sie, was das für eine Frau bedeutet, die mit einem siebenstelligen Einkommen aufgewachsen ist? Diese Demütigung!
[XIV, 45]

Neunzig Prozent unserer Selfmademillionäre sind Kriminelle, die ein Risiko von fünfhundert zu eins eingegangen sind und es dann aus purem Glück geschafft haben.
[XIV, 52]

Fragen Sie irgendeinen Menschen, ob er nicht ein besserer Mensch sein möchte, so wird er zwar ganz fromm ja sagen. Fragen Sie ihn, ob er eine Million haben möchte:

er wird sogar voller Überzeugung ja sagen. Aber der fromme Bürger, der gern ein besserer Mensch sein möchte, wird sich weiterhin so benehmen wie zuvor. Und der Landstreicher, der gern eine Million hätte, macht sich nicht mal die Mühe, zehn Shilling zu verdienen.

[XIX, 285]

Wir geben zu, ... daß auch der glühendste Sozialist, wenn er Eigentum besitzt, sich nicht anders verhalten kann als die konservativen Besitzenden. [XIX, 288]

Für Leute mit Geld gibt es keine juristischen Schwierigkeiten. [XIV, 74]

Der Dümmste im Land kann der Reichste sein.

[XVII, 257]

Rat und Tat

Jeder Mensch über vierzig ist ein Schurke. [V, 324]

Die Hölle ist mit guten Vorsätzen gepflastert, nicht mit schlechten. Alle Menschen meinen es gut. [V, 321]

Die Hauptsache ist nicht, daß man das letzte Wort hat, sondern daß man seinen Willen durchsetzt. [XI, 133]

Es gibt immer einen, der küßt, und einen, der sich küssen läßt. [V, 99]

Ich ließ mein Leben nicht von der Todesfurcht beherrschen, und mein Lohn war, daß ich mein Leben lebte. Sie lassen Ihr Leben von der Furcht vor Armut beherrschen, und Ihr Lohn wird sein, daß Sie zu essen haben, aber leben werden Sie nicht. [XI, 149]

Es gibt gewisse Wahrheiten, die keine Dame ihren Mitkreaturen ins Gesicht schleudern sollte. [XV, 98]

Sagen Sie nicht immer: ja, Sir, zu mir! [XV, 101]

Beherrschen Sie sich, Hoheit! Man soll seine schlechte Laune niemals zur Schau stellen. [XII, 103]

Sollte man nicht ganz einfach den Leuten die Wahrheit sagen? Aber mein Teuerster, die würden sie ja gar nicht glauben. [XII, 109]

Wen lieben wir denn? Doch nur die, die wir nicht hassen.

[IV, 125]

Ein altes Sprichwort sagt, daß ein Mann, der sich vor Vierzig nicht verliebt, gut daran tut, es später nicht mehr zu tun.

[I, 11]

Man hat Zeit genug, an die Zukunft zu denken, wenn man keine Zukunft mehr hat.

[X, 32]

Aber einen starken Menschen zu bewundern und unter seiner Knute zu stehen, sind zwei grundverschiedene Dinge.

[X, 105]

Mit dem sinnlichen Vergnügen kann ich sympathisieren, auch daran teilnehmen, aber sinnliche Verzückung als Ersatz für intellektuelle Beweglichkeit und Redlichkeit, das ist der Teufel selbst.

[III, 106]

Warum soll ich mir einen anderen Menschen holen, mich zu loben, wenn ich mich selber loben kann?

[III, 108]

Jeder Tyrann ist ein Feigling.

[III, 234]

Es ist unklug, geboren zu werden; es ist unklug, zu heiraten; es ist unklug, zu leben. – Und es ist klug, zu sterben.

[III, 242]

Unreife Menschen hätten gerne, wie wir wissen, ihr ganzes Leben von außen geregelt und würden nur gelegentlich an Feiertagen ihren Bosheitsausbrüchen nach-

geben, um ein wenig Abwechslung in der Monotonie zu
haben. [XVII, 351]

Der Grund, weshalb sensible Menschen so konventionell
wie nur möglich sind, ist der, daß sie sich durch konven-
tionelles Verhalten viel Zeit und Nachdenken, Schwierigkeiten und gesellschaftliche Spannungen dieser oder
jener Art ersparen können und ihnen dadurch mehr freie
Zeit zur eigenen Verfügung bleibt, als wenn sie unkon-
ventionell wären. [XVII, 352]

So ist die Welt nun mal. Die anständigen und bescheide-
nen Leute werden immer von talentierten Angebern be-
schimpft und aus der Fassung gebracht. [VII, 151]

Die Tatsache ist einfach die, daß das Kind dem Erwachsenen zur Last fällt. Ja, noch mehr. Die Last wird immer unerträglicher, je kultivierter und feinfühliger der Erwachsene wird. [IX, 25]

Der Durchschnittsmensch aber läßt sein Denken so un-
gern in Unordnung bringen, wie er das nennt, daß er in
seinem Haus keine Zeitung, deren Ansicht von der seinen abweicht, haben will. [IX, 1]

Das Geheimnis des Unglücklichseins liegt in der Muße,
darüber nachzugrübeln, ob man glücklich ist oder nicht.
[IX, 48]

Den romantischen Menschen kann man immer bluffen.
[IX, 122]

Ein Mensch, dem es nicht freisteht, sein Genick als Flieger oder seine Seele als Ketzer aufs Spiel zu setzen, ist kein freier Mensch. [IX, 58]

Das Recht auf Freiheit beginnt nicht mit dem Alter von einundzwanzig Jahren, sondern mit dem Alter von einundzwanzig Sekunden. [IX, 58]

Tu andern nicht, wie du willst, daß sie dir tun. Ihr Geschmack könnte ein anderer sein als deiner. [V, 309]

Liebe deinen Nachbarn nicht wie dich selbst. Wenn du mit dir einverstanden bist, ist es eine Unverschämtheit; wenn du nicht mit dir einverstanden bist, ein Beleidigung. [V, 309]

Die Liebe zum Fairplay ist die Tugend des Zuschauers, nicht die des Kämpfers. [V, 317]

Die Jugend, der man alles verzeiht, verzeiht sich selbst nichts; dem Alter, das sich alles verzeiht, verzeiht man nichts. [V, 324]

Es ist gefährlich, aufrichtig zu sein, wenn man nicht gleichzeitig dumm ist. [V, 325]

Trag es wie ein Mann, auch wenn du dich wie ein Esel fühlst. [V, 133]

Ohne Gehirn würden Sie genießen, ohne es zu wissen, und der Spaß wäre umsonst. [V, 187]

Die Dinge werden sehr angenehm, wenn man die unangenehmen Dinge vergißt. [XVI, 42]

Verstand ist nicht alles. [I, 169]

Klasse und Gesellschaft

Es gibt nur zwei Klassen in der guten englischen Gesellschaft: die reitende Klasse und die neurotische Klasse.

[XI, 142]

Unser Land hat Millionen untadeliger Gemüsehändler hervorgebracht, aber nicht einen einzigen untadeligen Monarchen.

[XIII, 75]

Zivilisation ist eine Krankheit, die dadurch entsteht, daß man Gesellschaften aus verfaultem Material aufbaut.

[V, 322]

Wenn alles dem einfachen Volk überlassen bliebe, gäbe es nie irgendwelche Änderungen, und die Gesellschaft würde zugrunde gehen wie eine Schlange, die ihre Haut nicht abstoßen kann.

[VIII, 18]

Der vernünftige Mensch paßt sich der Welt an; der unvernünftige versucht hartnäckig, die Welt sich anzupassen. Darum hängt jeder Fortschritt vom unvernünftigen Menschen ab.

[V, 320]

Das Gesetz ist für uns alle gleich, aber wir sind nicht alle vor dem Gesetz gleich. Praktisch gibt es ein besonderes Gesetz für die Reichen und ein besonderes Gesetz für die Armen, ein besonderes Gesetz für die Schlauen und eines für die Einfältigen, ein Gesetz für die Starken und eines für die Schwachen, ein Gesetz für die Unwissenden und eines für die Gebildeten, ein Gesetz für den Tapferen und ein anderes für den Feigling, und innerhalb der Familie ein Gesetz für die Eltern und überhaupt kein Gesetz für die Kinder. [XIV, 11]

Es ist schwerer, den Nachwuchs an Elefanten sicherzustellen als den Nachwuchs an Sperlingen und Kaninchen, und aus demselben Grund wird es schwerer sein, einen Nachwuchs von hochkultivierten Menschen sicherzustellen als einen solchen von Landarbeitern. [VIII, 42]

Im Mittelstand, wo die Absonderung der künstlich begrenzten Familie in ihrer kleinen Backsteinschachtel entsetzlich vollkommen ist, gedeihen schlechte Manieren, häßliche Kleider, Plumpheit, Feigheit, mürrische Laune und alle die kleinlichen Laster der Ungeselligkeit wie Pilze im Keller. [VIII, 66]

Aber behaupte nicht, daß Menschen groß sind, weil sie große Dinge tun. Sie tun große Dinge, weil sie groß sind. [XIII, 101]

Heute sind sich die Menschen auf der ganzen Welt so ähnlich wie Hotelmahlzeiten. [XIII, 134]

Benehmen und Angewohnheiten eines Herzogs würden einen Büroangestellten die Stellung kosten. [VI, 43]

Ich kann fast alles Menschliche ertragen, nur keinen englischen Gentleman. [XV, 178]

Und ich kann alles ertragen, nur keine englische Lady.

[XV, 178]

Eton ist eine Knabenzuchtanstalt, in die wir geschickt werden, weil wir zu Hause lästig sind und damit wir im späteren Leben, immer wenn man von einem Herzog spricht, diesen als alten Schulkameraden bezeichnen können.

[V, 111]

Nur Angehörige des Mittelstandes geraten in sprachloses, hilfloses Entsetzen, wenn sie entdecken, daß es schlechte Menschen auf der Welt gibt.

[VI, 69]

Die Leitung der Welt, der politischen, der industriellen und der häuslichen, besteht hauptsächlich im Empfangen von Befehlen und im Gehorsam unter eben solchen Bedingungen.

[XII, 62]

Es sieht gar nicht so aus, als ob die Veränderungen, die seit Hiobs Zeiten stattgefunden haben, Fortschritt im gängigen Sinne bedeuten könnten: genau das Gegenteil ist der Fall. Nur der allgemeine Vorrat an Erfindungen hat sich ein bißchen vergrößert.

[IV, 169]

Reiche Männer ohne Überzeugung sind gefährlicher für die moderne Gesellschaft als arme Frauen ohne Keuschheit.

[I, 34]

Und das Volk liebt seine Märtyrer. Dies ist der einzige Weg, auf dem jeder Dummkopf berühmt werden kann.

[III, 64]

Wenn Sie in London leben würden, wo die ganze Gesell-
schaftsordnung aus verlogener Kameradschaft besteht
und Sie mit einem Menschen zwanzig Jahre zusammen
sein können, ohne zu bemerken, daß er Sie haßt wie die
Pest, würden Ihnen die Augen bald aufgehen. Dort tut
man unfreundliche Dinge auf freundliche Art und Weise,
sagt Bosheiten mit süßer Stimme, gibt seinen Freunden
immer Chloroform, bevor man sie in Stücke reißt.

[III, 211]

Es gibt Männer, die hilflos in einem Arbeitshaus enden,
weil sie zu nichts taugen, aber es gibt auch Männer, die
sich dort befinden, weil sie stark genug sind, die gesell-
schaftlichen Konventionen zu mißachten, ... die einem
Mann vorschreiben, mit schwerer und schlechtbezahlter
Schufterei seinen Lebensunterhalt zu verdienen, wo er
doch die Alternative hat, ... sich als notleidend zu bezeichnen und die Behörde auf legale Weise zu zwingen,
ihn besser zu ernähren, zu kleiden und unterzubringen ...

[V, 136]

Jede Änderung unserer Gesetze nimmt, direkt oder indi-
rekt, Geld aus der Tasche des einen (vielleicht der Ihren)
und schiebt es in die Tasche eines anderen.   [XVII, 15]

Heute weiß niemand, was eine wahre Dame ist; die
Würde aber, eine Dame zu sein, maßen sich mit unge-
brochenem Selbstverständnis gerade jene Frauen an, die
ostentativ soviel wie möglich nehmen und so wenig wie
möglich dafür geben.   [XVII, 345]

Die Gesellschaft ähnelt einer Maschine, die ganz darauf eingestellt ist, mit dem Öl der Gleichheit reibungslos zu funktionieren, in deren Räderwerk aber irgendein böser Dämon beständig den Sand der Ungleichheit rieseln läßt. [XVII, 421]

Es gibt den Hof, eine im höchsten Sinn sozialdemokratische Einrichtung, unterhalten von öffentlichen Geldern, weil die Öffentlichkeit es will und ihn gern hat. [VII, 148]

Wer immer Waren oder Leistungen verbraucht, ohne durch persönliche Anstrengung ein Äquivalent zu bieten, tut der Gemeinschaft den gleichen Schaden an wie ein Dieb. [IX, 41]

Herren und Diener sind beide Tyrannen, aber die Herren sind die abhängigeren von den beiden. [V, 316]

Damen und Herren dürfen Freunde im Hundezwinger haben, aber nicht in der Küche. [V, 316]

Wenn Dienstboten wie menschliche Wesen behandelt werden, lohnt es sich nicht, welche zu halten. [V, 315]

Der vollendete Diener fühlt, wenn sein Herr ihm menschlich entgegenkommt, daß seine Existenz bedroht ist, und sucht sich schleunigst eine andere Stelle. [V, 315]

DER CHAUFFEUR: Na, wissen Sie, wenn Sie gern gemütlich fahren, können Sie ja den Bus nehmen. Das ist billiger. Sie bezahlen mich, um Zeit zu sparen, und damit

Sie von dem Geld, das Sie für den Wagen bezahlt haben, was haben.

TANNER: Ich bin der Sklave des Autos und auch Ihr Sklave. Nachts träume ich von dem verdammten Ding.

DER CHAUFFEUR: Das wird sich mit der Zeit schon geben. Wenn Sie jetzt zum Haus gehen, darf ich dann wohl fragen, wie lange Sie bleiben wollen? Wenn Sie nämlich vorhaben, den ganzen Vormittag da drinnen mit den Damen zu plaudern, tu ich den Wagen in die Garage und machs mir hier gemütlich und seh mich um, wo ich hier zu Mittag essen kann. [V, 108]

Ein moderner Gentleman ist notwendigerweise der Feind seines Landes. Selbst im Kriege kämpft er nicht, um es zu verteidigen, sondern um zu verhindern, daß sein Vorrecht, es auszuplündern, auf einen Ausländer übergeht. Solche Kämpfer sind im gleichen Sinne Patrioten, wie zwei Hunde, die sich um einen Knochen zanken, Tierliebhaber sind. [V, 319]

Die fatale Einschränkung, die der Gentleman macht, ist, daß er seiner Ehre alles opfert, nur nicht seine Vornehmheit. [V, 319]

Wieso gelingt es dem Kapitän eines Piratenschiffes, seine Stellung zu erringen und seine Autorität gegenüber einer Besatzung von Halunken aufrechtzuerhalten, die gleich ihm außerhalb des Gesetzes stehen? [XIV, 12]

In Oligarchien üben die Frauen privat und ohne Verantwortung so viel Einfluß aus, daß die klügsten sogar die

Überlassung aller Macht an die Männer befürworten, da sie wissen, daß sie diese dann viel leichter um den Finger wickeln können, als wenn sie durch die weibliche Mehrheit gehemmt würden, deren Welt aus Küche, Kinderstube und, wenn ihnen ein solcher Luxus möglich ist, Salon besteht.

[XIV, 142]

Wieso entdeckt ein Aristokrat aus alter Familie plötzlich, daß er in seinem großen Haus, das von seinem Butler organisiert und beherrscht wird, eine Null ist? [XIV, 12]

Jene unerklärlichen Vorrangstellungen, in die gewisse Leute selbst dann noch hineingeraten, wenn sie keinerlei Ehrgeiz haben und viel zu klug sind, um zu glauben, daß eine hohe Stellung und die damit verbundene Verantwortung ein reines Vergnügen sei. Der Vorzug, »der größte unter euch« zu sein, ist eine Auszeichnung, die sehr teuer erkauft wird, um den Preis, aller anderen »Diener zu sein«.

[XIV, 37]

Es gibt Grenzen für das, was ein Esel oder ein Maultier sich bieten lassen, aber der Mensch läßt sich erniedrigen, bis seine Schmach seinen Unterdrückern so unerträglich wird, daß sie gezwungen sind, sie selbst aufzugeben.

[V, 180]

Die Heiligen, die Väter, die Auserwählten früherer Zeiten sind heute die Querulanten, die Fanatiker, die Außenseiter.

[V, 172]

Der Landarbeiter lebt ebensolang wie ein Philosoph, ißt mehr, schläft besser und erfreut sich der Frau seines Herzens mit weniger Zweifeln. [V, 209]

Wir müssen die Vorstellung aufgeben, daß der Mensch, so wie er existiert, zu wirklichem Fortschritt fähig sei. [XIX, 290]

Wir schütteln den Kopf über den Schmutz des Mittelalters und leben in Städten, die von Ruß geschwärzt und von schamlosem Tabakrauch verpestet sind. [XIX, 295]

Die Welt (wird) eine Höhle voller gefährlicher Raubtiere bleiben, unter denen unsere wenigen zufälligen Übermenschen, unsere Shakespeares, Goethes, Shelleys und ihresgleichen sich nur unter Gefahr bewegen können. [XIX, 300]

Patriotismus, Bürgersinn, Elternpflicht, Disziplin, Religion, Moral sind nur beschönigende Namen für Einschüchterung. [XIX, 297]

Ein Pferd kann man nicht zu Tode schinden und sich das nächste gratis holen, wie man es mit einem Arbeiter tun kann. [XIX, 298]

Die menschliche Sklaverei (hat) in unseren Tagen ihre höchste bekannte Stufe in Form des freien Arbeitsmarktes erreicht. [XIX, 299]

Wir wissen jetzt, daß der Kreuzzug gegen die Sklaverei im 19. Jahrhundert nur darum Erfolg gehabt hat, weil die Sklaverei weder die wirkungsvollste noch die inhumanste Methode der Ausbeutung der Arbeitskraft war.

[XIX, 299]

Es gibt keinen Unterschied zwischen dem Taschendieb auf der Polizeiwache und dem Minister auf dem Schatzamt, dem Redakteur in der Zeitungsredaktion, dem Großindustriellen, der für nichtrutschende Fahrradreifen wirbt ... und dem Vivisektor, der seine Ritterehre dafür verbürgt, daß kein Tier, das im physiologischen Laboratorium operiert wird, nur den geringsten Schmerz verspürt.

[XIX, 296]

Revolution und Politik

Jeder Mensch unter dreißig, der überhaupt etwas über die bestehende soziale Ordnung weiß und nicht Revolutionär ist, ist nur Mittelmaß. [XIX, 264]

Politische Wissenschaft und Regierungskunst aber gehören nun mal zu den Dingen, die die Menschen nicht verstehen. [IX, 117]

Wählen! Pah! Wenn man wählt, ändert man nur die Namen im Kabinett. [VI, 168]

Der Politiker, der einst lernen mußte, wie man Königen schmeichelt, muß jetzt lernen, wie man die Wählerschaft fasziniert, amüsiert, verlockt, betrügt, erschreckt oder auf andere Weise ihre Gunst gewinnt. [XIX, 280]

Warum soll man an die Masse appellieren, wenn fünfundneunzig Prozent gar nichts von Politik verstehen und ohne Direktiven nur Unheil anrichten? [XV, 168]

Politische Freiheit bedeutet Verantwortung. Darum fürchten die meisten Menschen sie. [V, 311]

Keine Gemeinschaft ist bis jetzt über die Anfangsphasen hinausgekommen, in denen Streitsucht und Fanatismus es ihnen ermöglicht, eine Nation zu gründen, und ihre Begehrlichkeit sie befähigt, eine auf Handel gegründete Zivilisation aufzubauen und weiterzuentwickeln. [XIX, 286]

Ein Demagoge kann ein Pferd stehlen, wo der König nicht einmal wagt, über die Hecke zu schauen. [XIII, 80]

Der Demagoge ....: Mit kleinen Geschäften wird er gut fertig; durch große pfuscht er sich mit gewaltigen Worten ... wenn schließlich, bevor noch die Demagogen und die Wählermassen gelernt haben, auch nur eine Landgemeinde ordentlich zu verwalten ... der soziale Zusammenschluß an einen Punkt gelangt ist, wo internationale Organisation nötig wäre, dann geht das ganze politische Geschäft zu Bruch ... [XIX, 281]

Die Politik, die einmal Hauptanziehungspunkt von Tüchtigkeit, Gemeinsinn und Ehrgeiz war, ist jetzt der Zufluchtsort von ein paar Liebhabern der Rhetorik und der Parteiintrige geworden, die alle anderen Möglichkeiten, sich auszuzeichnen, verschlossen finden, entweder, weil sie zuwenig praktische Fähigkeiten haben, weil sie verhältnismäßig arm und ungebildet sind, oder – ich beeile mich, dies hinzuzufügen –, weil sie Unterdrückung und Ungerechtigkeit hassen und die Schikanen und die Angeberei in den kommerzialisierten akademischen Berufen verachten. [XIII, 86]

Der Mensch, der in unserem politischen System einer Marionette am nächsten kommt, ist ein Kabinettsminister, der einem großen öffentlichen Ressort vorsteht.

[XIII, 12]

Aber zwischen der Regierung und den Regierten gibt es einen sehr wichtigen Unterschied. Zwar wissen die Regierungen nicht, wie man regiert, aber sie wissen wohl, daß eine Regierung notwendig ist und dafür bezahlt werden muß. Die Wähler betrachten die Regierung als tyrannische Einmischung in ihre persönliche Freiheit und die Steuern als offizielle Beraubung der Bürger in einem tyrannischen Staat. [XVII, 262]

Und die Geschichte der Revolution ist die Geschichte der Reaktionen auf den ständigen Kampf einzelner oder ganzer Klassen, die das System zu ihren Gunsten verändern möchten. [XVII, 27]

Der Sozialismus ist nämlich nichts als die Meinung gewisser Leute darüber. [XVII, 13]

Eine Bewegung, die sich auf Philosophen und anständige Leute beschränkt, kann niemals einen wirklichen politischen Einfluß erlangen: es sind zu wenige. Erst wenn eine Bewegung sich fähig erweist, sich unter Räubern zu verbreiten, kann sie auf eine politische Majorität hoffen. [V, 147]

Eine Nation sollte sich immer in einem Zustand gesunder Auflehnung befinden. [IX, 77]

Wenn ein großer Mann sich uns verständlich machen könnte, würden wir ihn hängen. [V, 317]

Wo immer Sie auf eine Staatsform treffen, die mit geistigen Angelegenheiten nicht umgehen kann, werden Sie früher oder später eine Inquisition haben. [NXII, 225]

Wir finden bei Erwachsenen eine so allgemein verbreitete Streitsucht, daß ihre Auswirkung die meisten Engländer zu politischen Reformen ebenso unfähig macht wie Schweine. [IX, 84]

Nichts ist unheilbringender als eine herrschende Klasse, die nicht zu herrschen versteht. [IX, 124]

Jeder Mensch ist ein Revolutionär, wenn es um die Sache geht, die er versteht. [XIX, 263]

Alle, die es im Leben zu etwas Besonderem bringen, beginnen als Revolutionäre. Die Besten unter ihnen werden mit wachsendem Alter immer revolutionärer, obwohl man von ihnen allgemein annimmt, daß sie konservativer werden. [XIX, 263]

Man sagt, jedes Volk habe die Regierung, die es verdient. Noch richtiger hieße es, daß jede Regierung die Wählerschaft hat, die sie verdient. [VHaus, 16]

Wenn etwas entsteht, das wir eine Volksbewegung nennen, so wissen nur wenige Menschen, die daran teilnehmen, worum es sich überhaupt handelt. [XIII, 22]

Ein Mann, der gerade gut gegessen hat, ist niemals ein Revolutionär: er schwätzt nur über die Politik. [XVII, 123]

Wenn die Geschichte sich wiederholt und immer das Unerwartete geschieht, wie unfähig muß der Mensch dann sein, aus der Erfahrung zu lernen. [V, 24]

Der Mann, der gewählt ist, die Arbeit zu tun, tut sie nicht wirklich; er ist nur ein öffentlicher Popanz, der tut, was ein ständiger Sachbearbeiter ihm zu tun vorschreibt.

[XIII, 28]

Sie wissen, was Volksagitation bedeutet. Es bedeutet ein klein wenig vernünftige Begründung und sehr viel Beleidigung der anderen Seite.

[XVII, 180]

Die Demokratie setzt die Wahl durch die unfähige Mehrheit an die Stelle der Ernennung durch wenige Korrupte.

[V, 310]

Die Bürokratie besteht aus Funktionären, die Aristokratie aus Götzen, die Demokratie aus Götzenanbetern.

[V, 309]

Es gibt in England und in jedem anderen Land das Potential zu einem halben Dutzend anständiger Könige und Staatsräte; aber die Leute sind größtenteils im Gefängnis.

[XIV, 230]

Der Hof ist das Dienstbotenzimmer des Herrschers.

[V, 310]

Vulgarität bei einem König schmeichelt der Mehrheit der Nation.

[V, 310]

In Wahrheit war Karl, wie die meisten englischen Könige, dauernd in Geldschwierigkeiten, da das englische Volk in seiner unüberwindlichen Abneigung gegen jegliches Regiertwerden nicht genug Steuern zahlen wollte, um einen wirksamen, zivilen und militärischen öffentlichen Dienst zu finanzieren.

[XIV, 139]

Königin Elisabeth war eine herrische Frau, aber sie hätte als Besitzerin einer Hafenkneipe uneingeschränkter ihren Willen durchsetzen können denn als Herrscherin über England.

[XIV, 15]

Wenn es dem Herrscher beliebt, einen Weltkrieg zu entfachen, so wird er seinen Leuten einreden, daß dieser Krieg nötig sei, um dem Krieg grundsätzlich ein für allemal ein Ende zu bereiten, und daß die Menschen, zu deren Vernichtung er seine Leute auffordert, teuflische Verbrecher seien.

[XIV, 16]

Der fleißige Dummkopf, der immer nur das tut, was schon vorher getan worden ist, weil er nicht imstande ist, sich etwas Besseres vorzustellen, ist der beste Routinemensch. Das erklärt die ungeheure Rolle, die die Dummköpfe als solche in der Geschichte aller Völker spielen, und die wiederholten Ausbrüche des Erstaunens darüber, mit wie wenig Weisheit doch die Welt regiert wird.

[XIV, 17]

Es gibt in Europa kein Kabinett, dem es nicht außerordentlich gut täte, wenn man seinen männlichen Schwanz abschnitte und weibliche Köpfe dafür hinsetzte.

[XIV, 143]

Die Engländer wollen nicht regiert werden und es gibt nichts, was sie so hassen, wie den Verstand. [XIV, 233]

Der Herrschende darf nicht so weit gehen, daß ihn der einfache Mann für wahnsinnig oder gottlos hält.

[XIV, 16]

Die parlamentarischen Führer lernten bald aus Erfahrung, daß sie ganz ungestraft dem Volk am Dienstag etwas erzählen durften und am Freitag das Gegenteil sagen konnten, ohne daß irgend jemand den Widerspruch bemerkt hätte. Der Esel hatte endlich seine Rüben bekommen, aber anstatt sie zu verzehren, ließ er es zu, daß sie ihm von jedem beliebigen Bauernfänger weggenommen wurden, der ihm sagte, er solle seinen Blick zum Himmel richten. [XIV, 23]

Sie glauben, daß die Fabier, indem sie das Element der Einschüchterung aus der sozialistischen Agitation herausnehmen, der aufrührerischen Armut die Zähne gezogen haben und die bestehende Ordnung vor der einzigen Art von Angriff bewahren, die sie wirklich fürchtet.

[XIX, 286]

Als Katharina von Rußland wegen des Elends im Land eine Revolte ihres Volkes befürchten mußte, sagte sie nicht: »Wir wollen das Elend durch angemessene Reformen lindern«, sondern: »Wir wollen den Leuten einen kleinen Krieg schenken, das wird ihnen Spaß machen.«

[XIV, 39]

Hätte Katharina II. ausschließlich über ihren Gemahl geherrscht, so hätte sie ihn nicht umbringen lassen müssen oder können; aber als Zarin war sie gezwungen, den armen Peter zu liquidieren, sehr gegen ihre eigene, umgängliche Natur, die sie daran hinderte, ihre Dienstmädchen tüchtig auszuschelten.   [XIV, 15]

Und was soll das für eine Welt werden, wenn sich die führenden Männer nach dem Willen ihrer Wählermassen richten und die gewöhnlichen Männer nach dem Willen ihrer Frauen?   [V, 97]

Weil Lumpenpack weder selbst regieren kann noch irgendeinem anderen zu regieren erlauben wird außer dem, der das meiste Brot und die meisten Spiele verspricht.

[XIX, 308]

Bis heute hat noch jedes schwankende Regime versucht, als letzten Auswege seine Untertanen durch einen Krieg an sich zu fesseln.   [XIV, 39]

Der am wenigsten unfähige General wird als ein Alexander hingestellt; der König ist der erste Gentleman der Welt, der Papst ein Heiliger. Nie lebt der Mensch ohne eine ganze Galerie von menschlichen Idolen, die nichts weiter sind als falsche Übermenschen ...   [XIX, 277]

Napoleon scheint an seinem Ende die Menschheit als eine lästige Meute von Hunden betrachtet zu haben, die zu halten sich nur wegen des Vergnügens lohnte, mit ihnen auf die Jagd zu gehen.   [XIX, 276]

Weltliche Macht läßt die Menschen zu Schuften werden.

[XII, 165]

Kirche und Glaube

Meine Religion? Meine Liebe, ich bin Millionär. Das ist meine Religion. [VI, 105]

Wenn man wirklich an Gott glaubt, kann man sich auch über ihn lustig machen. [XV, 201]

Der Durchschnittspfarrer predigt nicht Ehrlichkeit und Gleichheit in seiner Dorfschule: er predigt Respekt vor jenen Leuten, die nichts als Geld haben, und nennt das Loyalität und Religion. [XVII, 48]

Die Heilige Schrift hat manches Gute. Übe Gerechtigkeit, sei barmherzig, wandle in Demut vor deinem Gott. Das spricht die Menschen an. [XV, 114]

Wenn ich gewußt hätte, daß Sie fromm sind, hätt ich einen weiten Bogen um Sie gemacht. [XV, 112]

Man kann nicht küssen und gleichzeitig über Religion reden. [XV, 116]

Ich darf hier nicht unterlassen einzufügen, daß man gleichzeitig Antiklerikaler und guter Katholik sein kann.

[XII, 52]

Intellektuelle Fortschritte treten manchmal als Quacksalberei, Aufruhr, Unzüchtigkeit oder Gotteslästerung, immer aber als Ketzereien auf. [XIV, 29]

Das Mädchen ist voller Falschheit. Sie tut, als sei sie fromm, und beichtet ohne Ende. [XII, 137]

Es muß doch für viele von uns ein ständiges Rätsel sein, daß die christliche Epoche, so großartig in ihren Intentionen, sich praktisch als eine so unerfreuliche Episode in der Geschichte des Menschengeschlechtes erwiesen hat. [IV, 177]

Und so wird Mrs. Dudgeon, weil sie außerordentlich unangenehm ist, für außerordentlich fromm gehalten. [III, 11]

Lassen Sie Jennifer an der Schande zugrunde gehn. Und hinterher, wenn Sie das ganze Unheil angerichtet haben, gehen Sie in die Kirche und fühlen Sie sich erhaben! [VII, 142]

Sollte das Paradies aber ein Narrenparadies sein – was es zwangsläufig ist, wenn seine Bestandteile imaginär sind –, dann darf man es nicht zur Grundlage eines Staates machen, sondern muß es in die Kategorie der schmerzstillenden, einschläfernden und betäubenden Heilmittel einreihen. [XVI, 102]

Ein Pastor darf ruhig ein bißchen närrisch sein, wissen Sie. In seinem Beruf macht sich das ganz gut. [II, 121]

Mein Sohn, ein Geistlicher. Das überleb ich nicht. [XV, 119]

Ich gebe zu, die Geistlichen sind meistens langweilige Kerle, aber mit der entsprechenden Verkleidung und den Riten werden sie von den Unwissenden für heilige Männer gehalten. [XIV, 168]

Sie [die Religion] ist nützlich für ehrgeizige Herrscher in korrupten politischen Systemen als ein Sedativum bei Volksunruhen (weshalb der Tyrann auch immer viel Wesens um den Priester macht); auf lange Sicht jedoch muß die Zivilisation zur ehrlichen Realität zurückkehren oder aber untergehen. [XVI, 102]

Wem also außer dem Antiquar und literarischen Connaisseur kann die Bibel heutzutage überhaupt noch etwas nützen? [XVI, 106]

Leute, die ihre Bildung in diesen Bereichen aus der Bibel beziehen, sind auf derart absurde Weise falsch informiert, daß sie zu öffentlicher Anstellung, zu elterlicher Verantwortung oder zum Bürger- und Wahlrecht nichts taugen. [XVI, 109]

Der Bibelkundige nämlich ist heute der Ignorant. Wenn Sie daran zweifeln, versuchen Sie doch mal, einen Eignungstest für irgendeinen praktischen Beruf zu bestehen, indem Sie auf die Fragen des Prüfers biblische Antworten geben. Sie haben Glück, wenn man Sie nur durchfallen läßt und nicht für geisteskrank erklärt. [XVI, 112]

So wurde die Kreuzigung für die Kirchen das, was das Gruselkabinett für das Wachsfigurenmuseum ist: eine un-

widerstehliche Attraktion für Kinder und ganz ungeho-
belte erwachsene Gläubige. [XVI, 120]

Obwohl er das Haupt der englischen Kirche war, hielt
er die Protestanten für eine gewöhnliche, hochgekom-
mene Mittelstandssekte und die katholische Kirche für
die authentische ursprüngliche Kirche Christi, also die
für einen Gentleman einzig mögliche. [XIV, 139]

Ich danke Ihnen, Pastor. Ihre sündige Natur macht Sie
zum besterzogenen Mann des Königreichs. [XIV, 156]

Ich sage euch, von dem Augenblick an, da ihr diesem von
Menschen geschaffenen Monstrum, Kirche geheißen, er-
laubt, sich eures Geistes zu bemächtigen, ist euer inneres
Licht wie eine ausgelöschte Kerze, und eure Seele ist in die
Finsternis gefallen und verdammt. [XIV, 167]

Das Schein-Christentum war faktenresistent und wird
es immer sein. [XVI, 121]

Alle Kirchen tun es. Sie sind alle Teufelsfallen, sie stehen
zwischen dem Menschen und seinem Schöpfer und maßen sich göttliche Macht an. [XIV, 168]

In alten Chroniken liest man von Erdbeben und Seuchen,
und es wird einem gesagt, darin zeige sich die Macht und
Herrlichkeit Gottes und die Kleinheit des Menschen.

[V, 179]

Sie sind große Mörder vor dem Herrn, diese Protestanten. [XIV, 227]

Die Kirche hat immer wieder bei der Wahl eines anständigen Papstes versagt. Alexander Borgia war ein fideler Bursche, und ich bin der letzte, der einen Stein gegen ihn wirft. Aber ein Musterpapst war er nicht. [XIV, 230]

Gibt es ein größeres Vergnügen, als ein heiliges Leben zu führen? [XIV, 202]

Krankheit und Tod

Nichts ist tragischer als ein kranker Arzt. [VII, 97]

Überarbeitet! Das gibt es nicht. Ich arbeite für zehn. Wird mir schwindlig? Nein, nein. [VII, 93]

Die Tragik der Krankheit besteht heutzutage darin, daß sie einen hilflos in die Hände eines Berufstandes liefert, dem man tief mißtraut, weil er nicht nur auf der Suche nach Wissenschaft die empörendsten Grausamkeiten befürwortet und verübt und rechtfertigt, sondern auch, wenn solche Grausamkeiten die Öffentlichkeit empört haben, diese mit Lügen von atemberaubender Unverschämtheit zu beruhigen versucht. [VII, 12]

Mitleid ist das Verbundenheitsgefühl der Kranken.
[V, 324]

Man benutze seine Gesundheit, man nutze sie sogar ab. Dazu ist sie da. Man verausgabe alles, was man hat, bevor man stirbt, und überlebe sich nicht selbst. [VII, 69]

Nun, ich habe über dreißig Ärzte gekannt, die ein Mittel über die Schwindsucht entdeckt haben. Warum sterben die Leute eigentlich noch daran, Colly? Aus Niedertracht wahrscheinlich. [VII, 82]

Meiden Sie die Apotheke und die Chemie, mein lieber Ridgeon, was immer Sie tun. [VII, 102]

Und anstatt zu heilen, faulte der Arm einfach ab ...,
arme Jane. Immerhin lebt sie jetzt ganz gut davon. Sie
zeigt ihren Arm bei medizinischen Vorlesungen. [VII, 82]

Meine Patienten sind alle kleine Angestellte und Verkäu-
fer. Die dürfen nicht krank sein, sie dürfen es sich nicht
leisten. [VII, 97]

Glauben Sie mir, Paddy, die Welt wäre gesünder, wenn
alle Apotheken in England niedergerissen würden.
[VII, 98]

Es ist nicht die Schuld unserer Ärzte, daß die medizinische Behandlung ..., wie sie gegenwärtig geübt wird,
ein mörderischer Unsinn ist. [VII, 11]

Je entsetzlicher die Verstümmelung ist, desto mehr bezahlen wir dem Verstümmler. Wer die ins Fleisch wach-
senden Fußnägel in Ordnung bringt, bekommt ein paar
Shilling, wer einem die Eingeweide herausschneidet, bekommt Hunderte von Pfunden, es sei denn, er praktiziere
zur Übung an einem armen Menschen. [VII, 11]

Ich kann mir das Schienbein nicht ernstlich verletzen,
ohne einem Chirurgen die schwere, an sich selbst gerich-
tete Frage aufzudrängen: Wäre mir nicht ein Packen Geld
nützlicher, als diesem Menschen sein Bein? (...) Und
das Geld käme mir gerade jetzt so außerordentlich gele-
gen. Meine Frau – meine lieben Kleinen – das Bein kann
ja auch brandig werden – ... künstliche Beine werden
jetzt so gut gemacht, daß sie wirklich besser taugen als

die natürlichen – alles entwickelt sich hin zur Motorisierung, zur Beinlosigkeit usw. usw. [VII, 11]

Es gibt Männer und Frauen, die der Operationstisch zu bezaubern scheint (...) und deren Vergnügen, über sich als Helden und Heldinnen sensationeller Operationen zu sprechen und andere darüber sprechen zu hören, so groß ist, daß sie die Chirurgen nicht nur durch gewaltige Honorare, sondern auch durch dringende Bitten dazu verleiten. [VII, 22]

Zu Shakespeares Zeiten und lange nachher war Mumiensaft ein beliebtes Medikament. Man trank eine Prise vom Staub eines toten Ägypters, aufgelöst in heißem Wasser. [VII, 60]

Ein Mensch, der Zahnschmerzen hat, hält jeden für glücklich, dessen Zähne gesund sind. Der mit Armut Geschlagene macht den gleichen Fehler in bezug auf den Reichen. [V, 318]

In der Chirurgie werden alle Operationen erfolgreich genannt, wenn der Patient das Spital lebend verlassen kann. [VII, 22]

Da laß ich mich lieber aufhängen, sagt er – und ist auch aufgehängt worden. Und ich sag, fast muß es sich gelohnt haben. Schließlich wär er ja sowieso mal gestorben: vielleicht an was wirklich Schmerzhaftem. [XV, 94]

Das Leben hört nicht auf, komisch zu sein, wenn Leute sterben, sowenig wie es aufhört, ernst zu sein, wenn Leute lachen. [VII, 180]

Der Tod aber bedeutet keineswegs ein Versagen der Lebenskraft. Nur phantasielose Menschen versuchen stets ewige Dinge hervorzubringen und wollen sogar selbst ewig leben. [IX, 11]

Diese Menschen: ihre Phantasie glüht, ihre Energien erwachen bei Gedanken an den Tod; sie lieben ihn, und je schrecklicher er ist, desto mehr genießen sie ihn. [V, 178]

Und ich sage Ihnen, daß der Mensch in der Kunst des Lebens gar nichts erfindet, aber in der Kunst des Todes übertrifft er selbst die Natur. Mit Chemie und Maschinen schlachtet er so viele hin wie einst Pocken, Pest und Hungersnot. [V, 177]

Man versuche nicht, ewig zu leben. Es wird einem nicht gelingen. [VII, 69]

Meine weiteren Pläne sind höchst einfach. Ich werde sterben. [VII, 165]

Vielleicht erinnern Sie sich noch, daß wir – auch wenn wir es natürlich nie zugaben – beim Tod eines Menschen, den wir kannten, sogar bei denen, die uns die liebsten waren, immer auch eine gewisse Befriedigung fühlten, ihn endgültig los zu sein. [V, 162]

Der Tod nimmt einen immer mit. Ich weiß nicht, warum,
aber es ist so. [VII, 175]

Himmel und Hölle

In der Hölle ist der Teufel die Spitze der besten Gesellschaft. [V, 157]

Hüte dich vor dem Menschen, dessen Gott im Himmel ist. [V, 316]

Kurz und gut, meine Tochter, wenn du in den Himmel gehst, ohne von Natur aus dafür geeignet zu sein, wird es dir dort nicht gefallen. [V, 172]

Ich war ein Heuchler, und es geschah mir recht, in den Himmel geschickt zu werden. [V, 168]

Weil der Himmel mit all den Engeln der langweiligste Ort der Schöpfung ist. [V, 170]

Gibt es im Himmel schöne Frauen? Keine. Absolut keine. Alle sind unelegant. [V, 207]

Haben Sie im Himmel unter den Neuankömmlingen nicht diesen deutsch-polnischen Irren getroffen? Wie hieß er noch? Nietzsche? [V, 213]

Die Hölle ist die Heimat von Ehre, Pflicht, Gerechtigkeit und dem Rest der sieben Tod-Tugenden. Alles Böse auf Erden geschieht im Namen dieser Tugenden, wo sonst als in der Hölle sollten sie ihren Lohn finden? [V, 158]

Ein Mensch, der an die Hölle glaubt, ist imstande, an alles zu glauben, sogar an die Erblichkeit erworbener Verhaltensweisen. [XVI, 57]

Sie sind eine vornehme Dame, und wo vornehme Damen sind, ist die Hölle. [V, 159]

Die Hölle ist der Ort, wo du nichts zu tun brauchst, als dich zu amüsieren. [V, 166]

Zeitgenossen über Shaw

Bernard Shaw hat keine Feinde, aber seine Freunde können ihn nicht ausstehen.   [Oscar Wilde]

Shaw soll einen diabolischen Witz haben, gibt sich seiner verruchten Lust hin, alles Heilige zu lästern, und niemand weiß genau, ob er von Rechts wegen mehr ins Zuchthaus oder ins Narrenhaus gehöre.   [Hermann Bahr]

Man wird schon gemerkt haben, daß Shaw Terrorist ist. Der Shawsche Terror ist ungewöhnlich und er bedient sich einer ungewöhnlichen Waffe, nämlich des Humors.
[Bertolt Brecht]

Er war immer außerordentlich nett zu Virginia und mir. Aber wenn man ihm zufällig in seine etwas fischigen, eisblauen Augen sah, bekam man einen Schock. Sie sahen durch einen hindurch oder über einen hinweg in eine ferne Welt oder ein Universum, das fast ausschließlich von GBS bewohnt war.   [Leonard Woolf]

Eigentlich war er ein großer Zerstörer – der genau im richtigen Augenblick erschien –, der Führer des Aufräumungskommandos zur Beseitigung viktorianischen Gerümpels.   [John B. Priestley]

Ein Meister, dem es gegeben ist, durch feinen Humor und Grazie die Generation zu faszinieren und ihr auf dem unpersönlichen Wege der Kunst den Spiegel vorzuhalten. [Albert Einstein]

Ich glaube nicht an die Moral. Ich bin ein Anhänger von Bernard Shaw. [Bernard Shaw]

»Ich liebe Unannehmlichkeiten, sie machen stark.«

Bernard Shaw, eine Legende bereits zu Lebzeiten, war der meistgespielte Dramatiker des 20. Jahrhunderts. Er war ein anerkannter Theater-, Kunst- und Musikkritiker, schrieb Essays und mehrere Romane, war Geschichtenerzähler und politisch engagierter Redner. Immer stand er im Licht der Öffentlichkeit als Provokateur, schillernder Possenreißer und Sonderling.

Es gibt keinen zweiten Autor, über den so viele Geschichten und Anekdoten kursieren und von dem so viele seiner brillanten Beobachtungen und geschliffenen Bosheiten unmittelbar in den allgemeinen Wortschatz eingingen.

Am 26. Juli 1856 wird George Bernard Shaw in Dublin geboren. Die Vorfahren kamen aus England und zählten sich zur Aristokratie des Landes. Shaws Vater, ein gutmütiger Taugenichts und Trinker, bleibt zeitlebens geschäftlich erfolglos, die Mutter ist Sängerin, ihre einzige Leidenschaft die Musik. Zu ihren Kindern haben beide kein Verhältnis, sie bleiben sich selbst und den Dienstboten überlassen.

Shaw sieht in seiner entbehrungsreichen Jugend später durchaus positive Aspekte, so habe ihm der Mangel an Kontakt mit den Eltern schon in Kinderjahren die Selbständigkeit des Denkens aufgenötigt und den Respekt vor Autoritäten gar nicht erst aufkommen lassen. Die Schulen wechselt er häufig und lernt dort nichts. »Das ganze

Erziehungssystem ist ein einziger Betrug«, wettert er noch in hohem Alter. Die Familie verarmt zunehmend, die Mutter zieht mit beiden Töchtern nach London, Shaw verdingt sich mit 15 Jahren als Lehrling bei einem Grundstücksmakler.

Vom Vater hat er den skurrilen Sinn für Komik, kauzigen Humor und seine oft paradoxen Reaktionsweisen geerbt, von der Mutter den starken Bezug zur Musik. Er sieht sich selbst in dieser Zeit als weltfremd und völlig verschüchtert, unermüdlich bildet er sich autodidaktisch in Literatur und Musik weiter. Sein Berufsziel ist Maler oder Musiker.

»Am Ende wußte ich nichts von dem, was die Schule zu lehren vorgab, doch ich war trotzdem ein hochgebildeter Junge.«

Fünf Jahre arbeitet er im Büro der Dubliner Maklerfirma, dann folgt er seiner Mutter nach England. »Ich konnte mein Leben nicht auf den grünen Hügeln Irlands verträumen.«

Mit Zwanzig kommt er nach London, um die Stadt zu erobern. Es folgen Jahre der Mühe und immer wieder vergeblicher Anstrengungen, bis es ihm schließlich gelingen soll.

Als Ire fühlt er sich als »Fremdester aller Fremden«. Er verdient seinen Lebensunterhalt mit Gelegenheitsarbeiten und absolviert ein Selbststudium im Britischen Museum, das den Autodidakten zu einem der belesensten und gebildetsten Wortführer seiner Generation machen sollte.

Daneben schreibt er fünf Romane, die jedoch lange Zeit keinen Verleger finden.

Erste Anerkennung erzielt er mit Musik- und Kunstkritiken, später folgen Literatur- und Theaterkritiken, die, meisterhaft ironisch verfasst, Aufmerksamkeit erregen und ihm, neben festen Anstellungen bei angesehenen Gazetten, bald einen Namen verschaffen.

In seiner Freizeit besucht er politische Veranstaltungen und beginnt sich als Vortragsredner zu sozialen und volkswirtschaftlichen Themen zu üben. Das Wort wird zunehmend zu seiner Waffe, er kann die Zuhörer in seinen Bann ziehen, bald kommen die Menschen in Scharen und er füllte als Publikumsmagnet die größten Säle.

Er wird ein allenthalben bekannter, gefürchteter und gesuchter Redner, entwickelt sich zum kämpferischen sozialistischen Pamphletisten und einem der profiliertesten Köpfe und Wortführer der Fabian Society, deren Ziel die Umgestaltung der englischen Gesellschaft durch soziale Reformen ist.

1892 wird in London sein erstes Stück ›Die Häuser des Herrn Sartorius‹ uraufgeführt, 1897 erzielt er mit ›Der Teufelsschüler‹ in New York erste internationale Resonanz.

Unbeirrbar schreibt er seine Theaterstücke nach eigenen Regeln. In umfangreichen Vorreden zu seinen Stücken vertieft er die jeweilige Thematik bis zu dialektischer Hinterfragung. Diese Vorreden sind nicht selten länger als das eigentliche Theaterstück. Viele der in diese Sammlung aufgenommenen Zitate finden sich in den Vorreden zu seinen Stücken.

Shaw heiratet mit 42 Jahren und führt eine lange und glückliche, unkonventionelle Ehe.

Er wird zum meistgespielten Dramatiker in Deutschland, ›Major Barbara‹, ›Pygmalion‹ (das Jahrzehnte später als Musical ›My fair lady‹ Erfolge feiern sollte) oder ›Die Heilige Johanna‹ machen ihn endgültig zum bekanntesten und gefeiertsten Dramatiker seiner Zeit.

1925 erhält Shaw den Nobelpreis für Literatur, dessen Annahme er zunächst, wie alle Preise, verweigert und erst unter der Bedingung akzeptiert, nicht an der Preisverleihung teilnehmen zu müssen. »Der Nobelpreis ist ein schmerzliches Unglück für mich gewesen, es war fast so schlimm wie mein 70. Geburtstag.«

Er stiftet das Preisgeld der Förderung des schwedischen und englischen Literatur- und Kunstaustausches.

1928 erscheint sein ›Wegweiser für die intelligente Frau zum Sozialismus und Kapitalismus‹.

Seine kritische Einmischung in die Tagespolitik wird für Shaw Programm bis ins hohe Alter und sorgt oft für Irritationen. Im Ersten und Zweiten Weltkrieg gilt er in England zeitweise als persona non grata und erhält Auftritts- und Redeverbot, da er regelmässig öffentliche Kontroversen provoziert.

Neben seiner Londoner Wohnung erwirbt Shaw auf dem Lande ein altes Pfarrhaus mit großem Park als Zuflucht; er ist reich geworden, bleibt dabei großzügig und bescheiden, als Ausdruck seines beträchtlichen Vermögens gönnt er sich lediglich einen Rolls-Royce.

Er unternimmt jetzt weite Reisen, vorzugsweise mit dem Schiff, und trifft die Großen der Welt: Einstein, Gandhi, Chaplin, Stalin. Seine Reisen sind Triumphe, er wird gefeiert wie ein Potentat, man lauscht seinen Reden, und er nimmt kein Blatt vor den Mund, sondern kritisiert ungeniert seine Gastgeber.

Am 2. November 1950 stirbt Shaw im Alter von 94 Jahren an den Folgen eines Sturzes beim Heckenschneiden im Garten seines Hauses in Ayot St. Lawrence.

»Tags darauf«, so sein Biograph Michael Holroyd, »begann aus Radio, Fernsehgeräten und Zeitungsspalten die ungeheure Flut von Erinnerungen und Nachrufen über die Welt hereinzubrechen. Regierungssitzungen in Indien wurden vertagt; in Australien erhob sich in den Theatern das Publikum zu zwei Schweigeminuten ... und am Broadway und in Times Square wurden die Lichter kurz gelöscht. Ein einzigartiges Verlustgefühl herrschte vor.«

In seinem Nachruf auf Bernard Shaw, den Thomas Mann über Radio BBC sprach, charakterisierte er ihn wie folgt:

»Unermüdlich hat er die glänzende Waffe seines Wortes und Witzes eingesetzt ... gegen die Dummheit. Er hat sein Bestes getan, die unheilvolle Spannung zwischen Wahrheit und Wirklichkeit auszugleichen und behilflich zu sein, die Menschheit auf eine neue Stufe ihrer sozialen Reife zu heben. Über das Allzumenschliche hat er sich lustig gemacht, doch nie über den Menschen.«

T. K.

Titelverzeichnis

der in diesem Band zitierten Werke von Bernard Shaw. Zitiert (Band, Seitenzahl) wird nach der Werkausgabe *Gesammelte Stücke in 15 Bänden. Herausgegeben von Ursula Michels-Wenz,* Frankfurt am Main: Suhrkamp Verlag 1990-2000; aus Einzelausgaben wird zitiert, wenn sie nicht in der Werkausgabe enthalten sind.

I – Band 1.
Die Häuser des Herrn Sartorius (Widowers' Houses, 1893). Komödie in drei Akten. DEA in der Übersetzung von Harald Mueller (1971). Mit Begleittexten des Autors. *Frau Warrens Beruf* (Mrs. Warren's Profession, 1898). Stück in vier Akten. Deutsch von Martin Walser (1970). Mit Auszügen aus der Vorrede des Autors. 1991. st 1850. 249 S. (3-518-38350-7)

II – Band 2.
Helden (Arms and the Man, 1898). Deutsch von Wolfgang Hildesheimer (1969). *Candida* (Candida, 1898). Deutsch von Annemarie Böll und Heinrich Böll (1971). Begleittexte deutsch von Ursula Michels-Wenz. 1990. st 1851. 210 S. (3-518-38351-5)

III – Band 3.
Der Teufelsschüler (The Devil's Disciple, 1901). Ein Melodrama. Deutsch von Hans Günter Michelsen (1970). Begleittexte deutsch von Ursula Michels-Wenz (1990). *Man kann nie wissen* (You Never Can Tell, 1898). Komödie in vier Akten. Deutsch von Harald Mueller (1972). 1990. st 1852. 254 S. (3-518-38352-3)

IV – Band 4.
Cäsar und Cleopatra (Caesar and Cleopatra, 1901). Eine Historie in fünf Akten (1904). Deutsch von Annemarie Böll und Heinrich Böll. Mit der Vorrede des Autors und seinen Anmerkungen zum Stück. Übersetzung der Vorrede »Besser als Shakespeare« von Siegfried Trebitsch. Sämtliche Texte für diesen Band revidiert von Ursula Michels-Wenz. 1992. st 1853. 190 S. (3-518-38353-1)

V – Band 5.
Mensch und Übermensch (Man and Superman, 1903). Eine Komödie und eine Philosophie (1907). Deutsch von Annemarie Böll und Heinrich Böll. Mit dem »Brief an Arthur Bingham Walkley« und dem

»Handbuch des Revolutionärs«. 1992. st 1854. 336 S. (3-518-38354-X)

VI – Band 6.

Major Barbara (Major Barbara, 1907). Mit der Vorrede des Autors. Deutsch von Helene Ritzerfeld (1990). 1990. st 1855. 191 S. (3-518-38355-8)

VII – Band 7.

Des Doktors Dilemma (The Doctor's Dilemma, 1911). Eine Tragödie. Deutsch von Hans Günter Michelsen (1969). Mit der Vorrede des Autors, übersetzt von Siegfried Trebitsch, und einer Anmerkung zur Rezeption des Stückes, übersetzt von Ursula Michels-Wenz. 1991. st 1856. 206 S. (3-518-38356-6)

VIII – Band 8.

Heiraten (Getting Married, 1911). Eine Debatte. DEA in der Übersetzung von Dieter Hildebrandt (1970). Mit der Vorrede des Autors, übersetzt von Siegfried Trebitsch, redigiert von Ursula Michels-Wenz. 1991. st 1857. 242 S. (3-518-38357-4)

IX – Band 9.

Falsch verbunden (Misalliance, 1914). Komödie in drei Akten. DEA in der Übersetzung von Alissa Walser und Martin Walser. Mit der Vorrede des Autors, übersetzt von Siegfried Trebitsch, redigiert von Ursula Michels-Wenz. 1992. st 1858. 249 S. (3-518-38358-2)

X – Band 10.

Pygmalion (Pygmalion, 1913). Romanze in fünf Akten. Mit dem Nachwort des Autors. Deutsch von Harald Mueller (1960). 1990. st 1859. 127 S. (3-518-38359-0)

XI – Band 11.

Haus Herzenstod (Heartbreak House, 1919). Eine Phantasie englischer Themen nach russischer Manier. Deutsch von Hans Günter Michelsen, revidiert von Hans-Jürgen Drescher und Bruno Klimek. Mit der Vorrede des Autors, übersetzt von Siegfried Trebitsch, und einer Anmerkung zum Stück, übersetzt von Ursula Michels-Wenz. 1993. st 1860. 200 S. (3-518-38360-4)

XII – Band 12.

Die heilige Johanna (Saint Joan, 1924). Dramatische Chronik in sechs Szenen und einem Epilog. Deutsch von Wolfgang Hildesheimer (1971). Mit der Vorrede des Autors und einer Radio-Ansprache zum 500. To-

insel taschenbuch 3205
Bernard Shaw für Boshafte